MANUEL

DES

CONSEILS GÉNÉRAUX

CONTENANT

LA LOI DU 10 AOUT 1871

ANNOTÉE

Par M. RIGAUD,

Ancien Avocat au Conseil d'État et à la Cour de cassation,
Rédacteur en chef du *Journal des Communes,*

AINSI QUE LES

INSTRUCTIONS MINISTÉRIELLES DES 8, 14 ET 18 OCTOBRE 1871

DES DOCUMENTS ADMINISTRATIFS

SUR CHAQUE DÉPARTEMENT,

Et la Liste des Conseillers généraux.

PARIS

BUREAUX DU JOURNAL DES COMMUNES,

RUE DE NESLES, 8.

1871

MANUEL

DES

CONSEILS GÉNÉRAUX

Paris.— Imprimerie de J. DUMAINE, rue Christine, 2.

MANUEL

DES

CONSEILS GÉNÉRAUX

CONTENANT

LA LOI DU 10 AOUT 1871

ANNOTÉE

Par M. RIGAUD,

Ancien Avocat au Conseil d'État et à la Cour de cassation,
Rédacteur en chef du *Journal des Communes*,

AINSI QUE LES

INSTRUCTIONS MINISTÉRIELLES DES 8, 14 ET 18 OCTOBRE 1871

DES DOCUMENTS ADMINISTRATIFS

SUR CHAQUE DÉPARTEMENT,

Et la Liste des Conseillers généraux.

PARIS

BUREAUX DU JOURNAL DES COMMUNES,

RUE DE NESLES, 8.

—

1871

INTRODUCTION.

L'administration du *Journal des Communes* a publié un commentaire de la loi du 10 août 1871.

L'importance de cette loi a déterminé cette administration à faire de ce commentaire, avec les instructions ministérielles, quelques documents administratifs sur chaque département et la liste de tous les membres des conseils généraux, un Manuel pouvant servir de guide, par des notions exactes, sur les attributions nombreuses conférées par cette nouvelle loi.

Trois propositions avaient été faites devant l'Assemblée nationale sur l'organisation et les attributions des Conseils généraux ; l'une, par MM. Magnin et Bethmont, l'autre par M. Raudot, et la troisième par M. Savary. Celle de ce dernier était la reproduction du projet qui avait été adopté à la suite d'une longue délibération par la commission *de décentralisation*, instituée en 1870, sous la présidence de M. Odilon Barrot.

Chargé à cette époque de la rédaction de ce projet et du rapport qui avait pour but d'en exposer les motifs, M. Savary a présenté ce même exposé et le texte du projet à la séance du 1er juin 1871 (Voir le *Journal officiel* des 12, 13 et 17 juin, pag. 1321, 1335 et 1409).

Les trois propositions ont été renvoyées à la commission de trente membres, qui avait été instituée par l'Assemblée nationale siégeant à Bordeaux, commission dite *de décentralisation*.

Du travail de cette commission est sorti le projet converti en loi, sur le rapport de M. Waddington, et après vingt-trois séances de discussion.

Ce rapport contient des explications sur toutes les dispositions du projet; nous en avons extrait les parties qui portent sur les points les plus importants, et sur ceux qui ont donné lieu à des débats.

Sur un grand nombre de dispositions, la discussion a été savante et lumineuse. Nous avons souvent regretté de ne pouvoir la reproduire en son entier.

Un grand nombre de membres de l'Assemblée nationale y ont pris part ; tous y ont montré une connaissance profonde de la loi et des règles administratives, et ce qu'on doit reconnaître surtout dans le rapport de M. Waddington et dans les discussions, c'est le vif désir de concilier les principes nouveaux d'une décentralisation, avec le rôle devenu difficile d'un pouvoir qui reste chargé de préparer, de diriger par une instruction préalable, et d'exécuter les décisions prises.

Les conseils généraux seront à la hauteur de la situation que la loi nouvelle leur a faite ; ils voudront montrer que la marche régulière de l'administration départementale trouvera dans leurs concours une impulsion plus grande.

Ainsi sera atteint le but de la loi.

LOI

SUR L'ORGANISATION ET LES ATTRIBUTIONS

DES CONSEILS GÉNÉRAUX

(10 août 1871).

La loi sur les conseils généraux est, sans contredit, l'une des plus importantes parmi toutes celles dont l'Assemblée nationale est saisie.

Elle donne des pouvoirs nouveaux aux conseils généraux et les institue pour ainsi dire en permanence, créant, à l'aide d'une commission départementale, une autorité nouvelle à côté de l'autorité du préfet.

Cette loi, ainsi que l'a dit M. Waddington, dans son remarquable rapport, est destinée à condenser et à réunir en un seul corps toutes les lois antérieures sur la matière, et, plus loin, il a ajouté : « Le projet de loi que nous soumettons à la sanction de l'Assemblée nationale laisse de côté toutes les propositions prématurées ou dépassant les limites d'une sage décentralisation; il agrandit la sphère d'action des conseils généraux, sans diminuer en rien les légitimes attributions du pouvoir central; il favorise le développement de l'initiative locale, qui est une des forces vives de la nation; il apporte et enseigne la responsabilité et les devoirs qu'elle impose à des hommes qui s'en déchargeraient volontiers sur l'Etat; en un mot, notre projet est une loi de liberté féconde et de progrès utile. »

Pour mieux apprécier les changements importants que cette loi introduit dans les attributions des conseils généraux, il est utile de remonter à l'origine de cette institution et de parcourir les modifications successives qu'elle a subies avant d'arriver à la transformation actuelle, qui n'est peut-être pas encore la dernière solution de ces graves questions et qui, d'après des opinions émises, semble n'être qu'une expérimentation d'un principe plus large de décentralisation (1).

---

(1) Sur ce point, on lit dans le rapport:
Telles sont, dans leurs traits généraux, les modifications que votre commis-

Voici comment s'est exprimé, sur ces origines de la loi nouvelle, le rapport de la commission :

C'est par un décret du 18 janvier 1790 que l'Assemblée constituante divisa la France en départements. Dans sa pensée, le département n'était qu'une simple division territoriale, formée uniquement pour faciliter l'action politique et administrative du pouvoir central, mais n'ayant ni une existence propre, ni des intérêts particuliers distincts de ceux de l'Etat. La loi du 22 décembre 1790 confia leur administration à des assemblées électives, investies de pouvoirs très-étendus, il est vrai, mais se rapportant tous aux intérêts généraux, et n'ayant rien de distinct ni de spécial aux départements eux-mêmes.

Par la loi du 24 messidor an vi , le Directoire mit à la charge des départements un certain nombre de dépenses relatives à la justice et à l'instruction publique, auxquelles on faisait face par des sous additionnels au principal de la contribution. Cette disposition, qui fut reproduite dans les lois du 15 frimaire an vii, n'était au fond qu'un expédient financier, et n'apportait en réalité aucune modification dans la situation des départements, qui demeuraient toujours de simples divisions administratives. Sous le Consulat, qui porta la centralisation à son comble, la loi du 28 pluviôse an viii remplaça, dans le département, les administrations électives par un préfet, assisté par un conseil de préfecture et d'un conseil général, dont les membres étaient nommés par le premier consul. Le département n'avait toujours ni budget ni propriétés.

Cependant un changement important ne tarda pas à être introduit dans la législation, sous une forme modeste et presque inaperçue. Les dépenses à la charge du département furent divisées en dépenses fixes sur lesquelles les conseils généraux donnaient leur avis, et en dépenses variables pour lesquelles l'art. 34 de la loi de finances du 2 ventôse an xiii autorisa les conseils généraux à voter des centimes facultatifs. A partir de ce jour, le département commença à disposer de ressources propres ; pour la première fois, il eut véritablement un budget.

En 1811, la détresse financière du gouvernement le détermina à mettre à la charge du département des édifices et des routes qui avaient été rattachés jusque-là au service général de l'Etat. Le dé-

---

si on propose d'introduire dans la législation actuelle, et qu'elle a cru utile de formuler d'une façon générale dans le titre 1er de la loi.

Est-ce à dire qu'elles soient le dernier mot de la décentralisation administrative? Assurément non. Si la loi est sanctionnée par l'Assemblée nationale, et surtout si elle est complétement et virilement pratiquée, si elle entre dans les mœurs de la France, un grand pas aura été fait, un grand principe aura été posé. Dans l'état actuel du pays, au milieu du trouble général des esprits, il eût été imprudent de chercher à faire plus. Les meilleures réformes sont celles qui procèdent avec sagesse et mesure, parce qu'elles ne donnent pas lieu à des retours en arrière; que si, plus tard, nos successeurs veulent en agrandir le cadre, nous applaudirons à leurs efforts, heureux d'avoir creusé les fondements de l'édifice et d'en avoir posé la pierre angulaire.

cret du 9 avril lui concéda les édifices consacrés au service des
Cours et tribunaux et de l'instruction publique, et celui du 16 décembre mit à sa charge les routes impériales de 3ᵉ classe, qui for-
mèrent le premier réseau des routes départementales.

Le département n'était pas encore propriétaire, car cette qualité
lui fut longtemps contestée par le Conseil d'Etat, notamment par
deux avis du 20 novembre 1818 et du 15 octobre 1819, et par une
instruction du ministre de l'intérieur, adressée aux préfets le 17
avril 1832 : c'était toutefois un acheminement vers la propriété.

Cet état de choses dura jusqu'en 1833. Deux projets de loi, relatifs à l'organisation des conseils généraux et présentés, l'un en
1821, par M. Siméon, l'autre en 1829, par M. de Martignac, ne
purent aboutir par suite de circonstances politiques. La loi du 22
juin 1833 rendit enfin les conseils généraux électifs, et celle du
10 mai 1838 régla leurs attributions ; le droit de posséder était
pleinement reconnu aux départements ; ils devenaient des personnes civiles, ils étaient le centre d'intérêts locaux nombreux et
considérables, et la loi du 21 mai 1836 sur les chemins vicinaux
imprima aux travaux des conseils généraux une activité et leur
donna une importance qu'ils n'avaient pas encore connues. Toutefois, ils étaient encore soumis d'une façon absolue à la tutelle de
l'Etat, puisque aucune de leurs délibérations n'était exécutoire
sans l'approbation de l'autorité supérieure. Sauf quelques modifications introduites dans leur organisation par le décret du 3 juillet
1848 et la loi du 7 juillet 1852, les conseils généraux restèrent sous
l'Empire ce qu'ils avaient été sous la monarchie de juillet. Un projet de loi organique, comprenant leur organisation et leurs attributions, avait été élaboré en 1850 par le Conseil d'Etat, revu et
amendé par une commission de l'Assemblée législative en 1851,
et il allait être discuté, lorsque l'Assemblée fut dissoute.

Le fameux décret du 25 mars 1852, dit décret de décentralisation, ne touchait pas directement aux attributions des conseils
généraux ; mais, en transportant aux préfets une foule de nominations et de décisions qui appartenaient auparavant aux ministres, il leur fit sentir plus que par le passé la tutelle étroite à laquelle ils étaient soumis.

Enfin arriva la loi du 18 juillet 1866, l'une des meilleures qui
aient été votées sous l'Empire. Pour la première fois, le conseil
général est appelé à statuer définitivement et sans appel sur
une foule de matières d'intérêt exclusivement départemental, et
l'Etat ne se réserve plus que le droit d'annuler les délibérations
entachées d'excès de pouvoir ou prises en violation de la loi. Le
conseil général peut voter des centimes additionnels dans les limites fixées annuellement par la loi des finances, et conclure des
emprunts remboursables dans un délai qui n'excède pas douze années ; son budget et ses comptes ont été remaniés et simplifiés,
les dépenses obligatoires ont été réduites aux services indispen-
sables de l'Etat. En un mot, le conseil général a acquis la gestion complète de la fortune départementale ; il est investi à cet
égard d'une véritable autonomie ; mais il n'a aucune action directe sur l'administration ; une fois sa délibération prise, il ne peut

plus intervenir, et dans l'intervalle de ses sessions annuelles, il ne peut ni contrôler les actions du préfet, ni même lui adresser une observation. Tel est l'état actuel de la législation, que le projet de loi a pour but de modifier.

Avant d'aborder l'examen des articles, le rapporteur a discuté divers systèmes présentés par des membres de l'Assemblée.

M. Raudot voulait diviser la France en vingt-quatre provinces, ayant chacune un gouvernement assisté d'un conseil élu et investi d'attributions considérables.

L'idée de former des provinces comprenant plusieurs départements, a dit M. le rapporteur, n'a pas été adoptée par votre commission. En effet, cette nouvelle création ne répond à aucun besoin actuel et n'est aucunement réclamée par l'opinion publique, qui pourrait y voir, soit un retour vers les choses du passé et une menace pour notre unité nationale qui exciterait ses défiances, soit un nouveau rouage administratif et une nouvelle série de fonctionnaires ajoutée à tant d'autres.

Est-ce à dire qu'il sera toujours interdit aux conseils généraux des départements qui ont des intérêts communs de se réunir ensemble pour discuter ces intérêts, pour entreprendre certains travaux en commun, pour fonder à frais communs certains établissements d'utilité générale? Votre commission ne l'a pas pensé ; elle vous propose de lever l'interdiction qui existe à cet égard dans la législation antérieure, et elle a réglé par des articles spéciaux l'application de ce nouveau droit. Il y aurait, en effet, une véritable anomalie à ce que des assemblées, investies désormais de l'administration départementale, soient contraintes de s'adresser à l'autorité centrale chaque fois qu'une route se prolongerait sur le territoire d'un département voisin, chaque fois qu'il s'agirait de mettre en commun les dépenses d'un asile d'aliénés, d'une école normale primaire, ou de tel autre établissement qui serait trop onéreux pour le budget, ou qui dépasserait les besoins de beaucoup de nos départements. La création de facultés ou d'universités provinciales pourrait aussi donner lieu à un concert entre plusieurs départements et peut-être plus tard l'organisation de nos réserves militaires se rattachera-t-elle au même ordre d'idées. Mais autant il est désirable de laisser aux conseils généraux la liberté de s'entendre entre eux pour les questions d'intérêt commun et non politiques, autant il serait difficile d'indiquer d'avance de quelle façon ils devraient se grouper ; car, évidemment, ce groupement variera selon l'intérêt qui sera en jeu, selon le but qu'il s'agira d'atteindre ; dans certains cas, il sera limité à deux ou trois départements ; dans d'autres, il pourrait en embrasser cinq ou six. Contentons-nous donc d'abaisser les barrières qui existent et laissons au temps et à la libre initiative des conseils généraux le soin de faire le reste.

Discutant ensuite les systèmes qui consistaient ou à

écarter complétement l'action des préfets, ou à concilier le pouvoir exécutif de ces fonctionnaires avec le droit d'administrer les affaires départementales, le rapport s'exprime ainsi :

Et d'abord, s'agit-il seulement d'augmenter les attributions du conseil général, considéré comme assemblée délibérante, et de compléter la loi de 1866, sans toucher à son principe, ou bien faut-il entrer résolûment dans une voie nouvelle et remplacer, dans une juste mesure, l'action exclusive du préfet par l'action des mandataires élus du département ?

On peut dire que l'Assemblée nationale a déjà implicitement résolu cette grave question par son vote sur la loi municipale du 15 avril dernier. En conférant aux conseils municipaux, dans l'immense majorité des communes de France, le droit de nommer les maires, la nouvelle loi reconnaît que le pouvoir considérable confié à ces fonctionnaires procède directement du choix fait par les conseillers municipaux, et ne peut être exercé que sous leur contrôle. Sans tirer de ce principe ses conséquences extrêmes, qui aboutiraient peut-être à la nomination des préfets par les conseils généraux, il n'en reste pas moins avéré que, si on maintenait le système actuel, ces corps, si considérables par leurs lumières et possédant à un si haut degré la confiance du pays, se trouveraient dans une position inférieure aux conseils municipaux. Est-il juste, est-il convenable que les conseils généraux soient les seules assemblées délibératives en France auxquelles la loi refuse une autorité directe et effective sur le pouvoir qui est chargé d'exécuter leurs décisions ? Conserver à un préfet, qui n'est pas responsable devant le conseil général et qui ne dépend absolument que du ministre de l'intérieur, la plénitude des fonctions dont il a été investi à une autre époque, ne serait-ce point s'exposer à faire une œuvre contradictoire ? Ne serait-ce point précisément maintenir dans le département le système de division des pouvoirs que la constitution de 1852 avait établi dans l'État ?

Votre commission avait donc à examiner, en premier lieu, si on devait maintenir au préfet l'administration du département ou la confier à un administrateur élu par le conseil général ; mais la solution de cette première question est étroitement liée à celle de plusieurs autres, notamment à celle des attributions préfectorales et à celle de la création d'une commission départementale ; nous allons les discuter successivement.

Disons tout d'abord que le système actuellement en vigueur n'a pas rencontré un seul défenseur au sein de la commission. Eclairés par les tristes expériences du passé, nous ne pouvions songer à maintenir entre les mains du préfet les pouvoirs exorbitants que lui confère sa double qualité de représentant du pouvoir central et d'administrateur du département, et qui lui permettaient d'exercer dans les luttes électorales une pression désastreuse. Pénétrée de la nécessité absolue de mettre fin à cet abus et de couper le mal par la racine, votre commission a recherché les moyens d'en-

lever au représentant du pouvoir central les attributions qui ne
touchent pas aux grands services publics, sans cependant compromettre la bonne et la prompte expédition des affaires locales,
si nécessaires aux populations, et sans laquelle toute administration, quelle que fût son origine, serait rapidement discréditée. En
d'autres termes, nous avons cherché à séparer autant que possible
la gestion des affaires départementales de celle des affaires de l'Etat,
tout en ménageant les intérêts et les habitudes des populations.

Deux systèmes étaient en présence. Le plus radical consiste à
remplacer purement et simplement le préfet, pour toutes les affaires départementales, par un administrateur élu par le conseil
général; ce système est formulé dans les projets de MM. Bethmont et Magnin, ainsi que dans celui de M. Raudot.

Ce dédoublement des fonctions du préfet n'a pas été admis par
la commission. En effet, il y a beaucoup de questions quis intéressent à la fois l'Etat et le département et dans lesquelle il serait fort difficile de faire la part de chacun, sans donner lieu à des
embarras sérieux, sinon à de véritables conflits. Il suffira de citer
le service des aliénés, qui, dans plusieurs départements, possède
une dotation propre, sur laquelle le conseil général n'a pas d'action ;
le service des enfants assistés, qui soulève de graves questions de
principes ; les dépôts de mendicité, qui ont le caractère d'établissement à la fois pénal et d'assistance publique. Il ne faut pas oublier non plus que l'administrateur élu serait obligé d'avoir une
résidence, des bureaux et un traitement assez considérable ; de
là de nouvelles charges qu'il faudrait imposer aux départements,
et cela dans un moment où l'économie est un devoir patriotique
de premier ordre.

Le pays ne comprendrait pas de pareilles réformes et ne saurait s'y associer. Enfin, et surtout la création d'un administrateur
élu par le conseil général ne répondrait pas au vrai but que se
propose la décentralisation, qui ne cherche pas à multiplier les
fonctionnaires, mais à former des hommes. Il ne suffit pas qu'il y
ait dans chaque département un homme de plus initié à la direction des affaires, il faut qu'il y en ait le plus possible ; il ne s'agit
pas seulement de trouver un administrateur de plus dans le département, mais d'y créer une pépinière d'administrateurs, d'y
intéresser, dans chaque canton et dans chaque commune, le plus
de citoyens possible au maniement des affaires locales, et de leur
donner, par l'exercice de la responsabilité, le sentiment du devoir ; il s'agit, en un mot, de fonder à tous les degrés le gouvernement du pays par lui-même.

Obéissant à cet ordre d'idées et fidèle à la mission dont elle
était chargée, votre commission, après avoir écarté l'administrateur élu, s'est ralliée à la presque unanimité à l'autre système,
proposé par la commission de 1870, c'est-à-dire à la création
d'une commission départementale chargée, comme délégation du
conseil général, de contrôler et de guider le préfet dans les intervalles des sessions et investie en outre, directement par la loi,
d'un certain nombre d'attributions importantes, précédemment
confiées au préfet ou au conseil de préfecture.

On peut dire que la disposition dominante de la loi nouvelle est la création de cette commission départementale ; on ne saurait donc trop s'arrêter sur les explications qui ont été données pour bien définir et préciser les pouvoirs de cette commission. Voici ce qu'on lit dans le rapport :

L'idée de la commission départementale, qui se retrouve sous différentes formes dans tous les projets qui ont été renvoyés à la commission, est empruntée à la législation belge. En Belgique, la députation permanente du conseil provincial prend part à l'administration directe, en ce sens qu'elle publie des ordonnances et des règlements de sa propre autorité et mandate elle-même les dépenses provinciales ; le gouverneur de la province fait partie de la députation, y a voix délibérative, y intervient comme représentant de l'Etat, mais il n'est pas toujours seul chargé de l'exécution.

Dans notre pays, les administrations collectives ne sont pas en faveur, et la maxime « délibérer est le fait de plusieurs, agir est le fait d'un seul », est regardée comme un axiome. Aussi, sans contester les bons résultats obtenus par le système belge, nous n'avons pas cru qu'il fût applicable à la France, dont les départements sont beaucoup plus étendus que les provinces belges, dont les conseils généraux sont autrement composés, et où il serait à peu près impossible de trouver de bons éléments pour une commission absolument permanente astreinte à résider au chef-lieu ; or, sans la permanence complète, il ne serait pas possible de donner à la commission même une portion du pouvoir exécutif.

A qui donc faut-il le donner ? Votre commission a décidé de le conserver au préfet, sous certaines restrictions. En effet, l'institution des préfets n'est nullement mauvaise en soi ; seulement, sous le régime déchu, elle a été faussée et détournée de son véritable but. Au lieu d'avoir pour objectif unique la bonne administration des départements, elle est devenue une école de pression électorale, elle a été l'instrument détesté des candidatures officielles, cause première des désastres dont la France subit les tristes conséquences. D'ailleurs, quand même on enlèverait aux préfets toute immixtion dans les intérêts départementaux, ils n'en demeureraient pas moins les agents du pouvoir central, qui ne peut se passer de représentants dans les départements. Cela étant, il y a avantage évident à confier le pouvoir exécutif pour les affaires départementales à un agent qui est déjà investi de fonctions considérables, et auquel les populations sont habituées, à condition toutefois de lui rendre impossible l'abus de ce pouvoir. C'est pour bien marquer le nouveau rôle qu'elle attribue au préfet, que la commission a nettement défini les attributions du conseil général et de la commission départementale, d'une part, et du préfet d'autre part ; aux premiers, la délibération et la décision, la nomination des fonctionnaires salariés sur les fonds départementaux, le contrôle exercé dans l'intervalle des sessions, c'est-à-dire l'administration dans le sens le plus élevé et le plus général du mot ; au second, l'exécution proprement dite, et non plus l'administration tout entière.

Précisons davantage les rôles. Dans la plupart des cas, les délibérations du conseil général portent sur des points nettement déterminés, et le préfet n'a qu'à les exécuter purement et simplement ; dans d'autres, au contraire, le conseil général ne peut qu'indiquer d'une façon générale la marche à suivre, et laisse au préfet une grande latitude dans l'exécution. Ainsi, quand il vote tout un réseau de chemins, il ne peut déterminer d'avance l'ordre de priorité des travaux, parce que cet ordre dépend souvent de faits contingents qu'il ne peut apprécier, ou d'offres de concours non encore réalisées ; il en est de même des subventions qu'il vote en bloc, ou qu'il reçoit en bloc de l'Etat, et dont il laisse la distribution au préfet. C'est dans ces cas et dans d'autres circonstances analogues que la commission départementale interviendra pour continuer l'action forcément interrompue du conseil général, mais sans empiéter sur le domaine de l'exécution proprement dite ; en un mot, elle exercera, au nom du conseil, une sorte de direction en sous-ordre, une surveillance moins lointaine et plus permanente, mais contenue dans la limite des attributions et des pouvoirs du conseil général lui-même. Et combien son intervention ne sera-t-elle pas utile et salutaire dans les cas, malheureusement si nombreux, où un préfet, qui a fini par bien connaître les intérêts de son département, est appelé à un poste plus avantageux, et cède sa place à un successeur qui a tout à apprendre ! Il serait difficile pour le nouveau fonctionnaire d'avoir des guides plus sûrs, des initiateurs plus expérimentés, que les membres de la commission départementale.

Mais en dehors des pouvoirs que la commission départementale exercera comme délégation du conseil général, nous proposons de lui en confier d'autres qui lui seront propres et qui, jusqu'à présent, appartenaient au préfet et au conseil de préfecture. Il s'agit surtout de la tutelle administrative exercée sur les communes.

Et d'abord, on ne peut contester la nécessité d'une tutelle ; en effet, il arrive quelquefois que les conseils municipaux, surtout ceux des communes rurales, ne sont ni assez éclairés, ni assez désintéressés, pour qu'on puisse leur abandonner sans de graves inconvénients la responsabilité entière de décisions qui engagent leurs ressources pour de longues années, ou qui disposent du patrimoine de la commune dans un intérêt présent, au préjudice des générations futures. La législation actuelle place ce contrôle généralement entre les mains des préfets ; mais dans l'esprit de la nouvelle loi, il n'était pas possible de laisser aux représentants du pouvoir central des attributions qui leur permettaient d'exercer sur les communes et sur les maires en particulier une influence qui a souvent dégénéré en pression et dont on a vu les funestes conséquences.

Une fois qu'on admet en thèse générale le gouvernement du pays par lui-même, le contrôle d'un corps électif inférieur ne peut

être exercé que par un autre corps électif d'un ordre supérieur ; et
en principe, c'est au conseil général que devrait appartenir la tutelle des conseils municipaux ; mais, dans la pratique, il ne pourrait en être ainsi, parce que les réunions du conseil général n'ont
lieu qu'à de longs intervalles, tandis que les intérêts des communes
exigent des solutions promptes, qui généralement ne peuvent être
retardées au delà d'un mois. La commission départementale est
donc naturellement désignée pour recevoir ces nouvelles attributions, et elle les exercera de son autorité propre, aux lieu et
place du préfet ou du conseil de préfecture, sauf le recours au
Conseil d'Etat, qui est maintenu dans l'intérêt des communes et
des autres parties intéressées. Afin d'éviter toute incertitude et
tout conflit, les pouvoirs nouveaux attribués à la commission départementale sont soigneusement énumérés et définis dans le
titre VI du projet de loi. Nous les examinerons en détail plus
tard.

Voici le texte de la loi :

Titre premier. — *Dispositions générales.*

Art. 1er. Il y a dans chaque département un conseil général (1).

Art. 2. Le conseil général élit dans son sein une commission
départementale (2).

---

(1) C'est la reproduction de l'article 1er de la loi de 1833.

(2) Cet article était dans la proposition de loi présentée par M. Savary, et
dans le projet émané de la commission.

Il a donné lieu à de grandes discussions ; M. Target conservant la disposition proposée relative à la création d'une commission départementale, fixait,
par amendement, ses attributions par ces mots : Chargée de contrôler, pendant
l'intervalle des sessions, l'exécution des décisions du conseil général et de
donner son avis au préfet sur toutes les affaires qui intéressent le département.

La différence entre cette rédaction et celle proposée par la commission dans
l'article 3, consiste en ce que d'après celle-ci la commission départementale doit
décider et administrer, et le préfet, en ce qui concerne les affaires départementales, ne doit plus donner que son avis et exécuter les décisions du conseil
général ou de la commission déléguée ;

Tandis que, dans le système de l'amendement, l'agent de l'Etat restait chargé
de l'administration du département, à la condition, non pas de suivre, mais de
demander et de provoquer l'avis des membres de la commission départementale.

« Dans ce système, a dit M. Target, tout est simple, chacun reste dans sa
sphère. Le préfet administre ; libre d'administrer, il est par conséquent responsable vis-à-vis de son chef direct, le ministre de l'intérieur ; il est responsable devant qui encore ? Puisqu'il est chargé des affaires départementales, il
est responsable devant ceux qui sont les maîtres de les diriger dans un sens ou
dans l'autre, c'est-à-dire devant le conseil général tout entier. (Très-bien !)
La responsabilité ne se disperse pas, ne se pulvérise pas. L'unité nationale est
complétement conservée. Dans l'autre système, au contraire, j'imagine qu'il
pourrait se produire des conflits et des tiraillements qui seraient évidemment
regrettables au point de vue administratif, au point de vue des administrés eux-
mêmes. Prenez garde de faire une loi qui compromette les intérêts des administrés
eux-mêmes, ce serait lui porter par avance une grave atteinte.

« Il me semble, Messieurs, que la vérité, en fait d'administration, c'est que

Art. 3. Le préfet est le représentant du pouvoir exécutif dans le département.

Il est, en outre, chargé de l'instruction préalable des affaires qui intéressent le département, ainsi que de l'exécution des décisions du conseil général et de la commission départementale, conformément aux dispositions de la présente loi (1).

TITRE II. — *De la formation des conseils généraux.*

Art. 4. Chaque canton du département élit un membre du conseil général (2).

---

l'élément central ne soit pas subordonné à l'élément électif, à l'élément central. Il faut une corrélation libre de ces deux éléments, qui, eux seuls et par leur réunion, peuvent arriver à faire de la bonne administration. »

D'autres ont blâmé la création de la commission départementale ; ils ont dit qu'il suffisait d'augmenter les attributions des conseils généraux, d'augmenter le nombre de leurs sessions et de leur permettre de prendre dans leur sein quelques commissions spéciales chargées temporairement d'une surveillance déterminée.

La commission a persisté dans les motifs exprimés plus haut dans le rapport, et l'article 2 a été voté à une grande majorité.

(1) L'article 3 de la proposition disait : L'administration du département appartient au conseil général, à la commission départementale et au préfet conformément aux dispositions de la présente loi.

La rédaction de la commission qui a été adoptée par l'Assemblée est plus précise; elle détermine aussitôt le rôle de chacune de ces autorités; le premier paragraphe de l'article consacre d'une manière nette le principe d'autorité qui doit appartenir au représentant du pouvoir exécutif dans le département.

Après les discussions qui avaient eu lieu sur l'article 2 et après les amendements qui, en s'occupant du rôle de la commission départementale, anticipaient sur l'article 3, cet article a été adopté sans discussion.

(2) Deux amendements ont été présentés sur cette disposition, l'un par M. Besson, l'autre par M. Malens. Le premier disait : Le conseil général se compose : 1° de tous les représentants du département à l'Assemblée nationale; 2° d'autant de membres qu'il y a de cantons dans le département.

Le second disait : Chaque canton élit un membre du conseil général ; néanmoins, les cantons ayant une population supérieure de moitié à la population moyenne du canton dans leur département, auront le droit d'élire deux membres du conseil général.

Sur le premier amendement on a objecté que ce serait introduire dans le conseil général l'élément politique.

Pour justifier le second amendement, M. Malens a dit que, d'après la statistique, les représentants des petits cantons, c'est-à-dire de ceux dont la population est au-dessous de la moyenne des cantons du département, ont la majorité dans le conseil général, et cela existe dans 84 départements sur 85. Il a soutenu que l'intérêt qu'un canton avait dans les délibérations du conseil général devait se baser non pas seulement sur l'étendue du canton, mais aussi sur l'importance de la population; il a dit que dans le département du Nord, par exemple, les petits cantons s'élèvent à 36, tandis que les grands sont au nombre de 24 ; que les petits représentent une population de 487,000 âmes, tandis que les grands représentent une population de 905,000 âmes: il a demandé s'il y aurait exagération et injustice à donner huit conseillers de plus à cette population de 905,000 âmes.

Le rapporteur de la commission, après avoir reconnu que l'amendement n'était pas sans importance, a dit qu'il reposait sur une conception radicale-

Art. 5. L'élection se fait au suffrage universel, dans chaque ommune, sur les listes dressées pour les élections municipales (1).

---

ment fausse des attributions des conseils généraux ; que ces attributions étant étrangères à la politique et uniquement administratives, la représentation numérique n'avait aucune raison d'être ; que dans le département, les intérêts cantonaux sont essentiellement des intérêts de groupes et non des intérêts proportionnels au nombre, et que, de plus, les intérêts sont réciproques, que le budget des chemins constituait les quatre cinquièmes ou les cinq sixièmes des budgets départementaux, et que dans ces questions de chemins l'intérêt était réciproque entre la grande ville et le petit canton où le chemin devait conduire ; que souvent même l'intérêt d'un canton étendu, d'un canton rural était plus grand, et qu'enfin les ressources du budget départemental étant prises dans les quatre contributions directes, le canton et la ville chef-lieu ne contribuent que dans une mesure égale ou très-peu supérieure à celle de tel canton complétement rural, mais possédant des terres très-riches et ayant une grande étendue.

M. Paul Bethmont a ajouté que ce serait fausser la situation dans le département et créer des majorités factices contraires au véritable intérêt du département. Ce serait avoir des agglomérations qui, payant moins d'impôts dans le département au point de vue du budget départemental, auront plus de droits, plus d'influence, plus de pouvoir.

M. Paul Bethmont a signalé le danger surtout pour le jour où sentant la nécessité de la formation d'une seconde chambre, on donnerait aux conseils généraux le magnifique et utile apanage d'en nommer les membres.

Les deux amendements ont été repoussés.

Devant la commission, M. le comte de Chambrun a présenté un amendement consistant à faire nommer deux conseillers généraux par canton et à supprimer les conseils d'arrondissement.

Il lui a été répondu, sur le second point, que l'examen de la question se ferait plus utilement lors de la discussion de la loi cantonale.

Sur le premier point, qu'il ne fallait rien innover à la composition des conseils généraux pour le moment, qu'il fallait laisser faire l'expérience de la nouvelle loi et bien se rendre compte de ses effets avant de toucher à une organisation consacrée par le temps et profondément entrée dans nos habitudes.

Si l'on doublait les membres des conseils généraux, a-t-on ajouté, on aurait, dans beaucoup de cas, de véritables petits parlements, ce qui ne serait certainement pas conforme aux tendances manifestées par l'Assemblée.

M. le rapporteur a dit en parlant du nombre des conseillers : Il n'a pas paru opportun de le modifier en faveur de quelques départements qui sont composés d'un nombre de cantons relativement restreint, et qui éprouveraient peut-être que'que difficulté à trouver de bons éléments pour leurs commissions départementales. Le nombre de cantons qui forme un département est extrêmement variable : la Corse en a 62, le Nord 60, la Seine-Inférieure 52, le Puy-de-Dôme 50 ; dans l'immense majorité des départements, il y en a de 24 à 49 ; mais le Cantal et l'Indre n'en ont que 23, Vaucluse 22, l'Ariége 20 et les Pyrénées-Orientales 17. Quelques membres de la commission avaient pensé à fixer à un minimum de 30 ou de 24 le nombre des membres du conseil général ; mais il a été reconnu que l'application de cette mesure rencontrerait dans la pratique de graves difficultés. Il vaudrait mieux, si le besoin s'en faisait réellement sentir, modifier les circonscriptions cantonales et augmenter le nombre des cantons dans les départements où il est inférieur à 24 ; ce serait l'objet d'une loi spéciale, si l'expérience en démontrait la nécessité.

(1) Le rapport a dit sur ce point : L'art. 4 de la loi du 4 avril 1871 exige que les électeurs appelés à nommer les conseils municipaux aient depuis une année au moins leur domicile dans la commune. Cette condition de domicile est également requise pour les élections au conseil général.

Art. 6. Sont éligibles au conseil général tous les citoyens inscrits sur une liste d'électeurs ou justifiant qu'ils devaient y être inscrits avant le jour de l'élection, âgés de vingt-cinq ans accomplis, qui sont domiciliés dans le département; et ceux qui, sans y être domiciliés, y sont inscrits au rôle d'une des contributions directes, au 1ᵉʳ janvier de l'année dans laquelle se fait l'élection, ou justifiant qu'ils devaient y être inscrits à ce jour ou ont hérité depuis la même époque d'une propriété foncière dans le département (1).

Toutefois, le nombre des conseillers généraux non domiciliés ne pourra dépasser le quart du nombre total dont le conseil doit être composé.

Art. 7. Ne peuvent être élus au conseil général les citoyens qui sont pourvus d'un conseil judiciaire (2).

Art. 8. Ne peuvent être élus membres du conseil général :

1° Les préfets, sous-préfets, secrétaires généraux et conseillers de préfecture, dans le département où ils exercent leurs fonctions (3) ;

2° Les procureurs généraux, avocats généraux et substituts du procureur général près les Cours d'appel, dans l'étendue du ressort de la Cour (4) ;

---

(1) Les derniers mots relatifs à l'acquisition par succession depuis la clôture des listes, ne se trouvent pas dans l'article 6 tel qu'il avait été voté à la deuxième délibération ; c'est une disposition ajoutée sur la demande de M. Dubreuil de Saint-Germain.

La disposition ajoutée se justifie par ce motif que la succession donne aussitôt naissance à l'obligation de payer l'impôt et ouvre conséquemment le droit à l'éligibilité, indépendamment de l'inscription au rôle qui ne peut se faire que plus tard. L'héritier, a-t-on dit, est le continuateur légal de son auteur.

Lors de la troisième délibération, M. Sansas a demandé la suppression, dans l'article 6, de ces mots : ou justifiant qu'ils devaient y être inscrits avant le jour de l'élection, ainsi que ceux-ci : ou justifiant qu'ils devaient y être inscrits à ce jour. Cette suppression n'a pas été prononcée.

M. Ganivet a fait observer que la loi nouvelle se taisait sur la composition du bureau électoral. M. le rapporteur a répondu que les élections se feront exactement comme par le passé, que le décret de 1852 régit la matière et que la loi n'y change rien.

(2) L'article 7, a dit le rapporteur, introduit dans notre législation électorale un principe nouveau qu'on s'étonne de n'y pas voir figurer. N'y a-t-il pas, en effet, quelque chose de choquant pour la m rale publique, à voir siéger dans une assemblée, chargée d'aussi graves intérêts, celui que la justice a prononcé incapable d'administrer les siens sans l'assistance d'un conseil judiciaire? Le prodigue peut assurément être un fort honnête homme, mais il doit être exclu de toute position où il y a des exemples à donner et une responsabilité à partager.

(3) On ne peut admettre, a dit le rapport, qu'un fonctionnaire, exerçant sur ses concitoyens une autorité qu'il tient de la loi, puisse en même temps venir solliciter leurs votes. Car, s'il est élu, l'indépendance du vote peut être révoquée en doute, et, s'il ne l'est pas, son autorité morale subit une atteinte fâcheuse; dans tous les cas, il sera accusé de se servir de son pouvoir pour favoriser ses amis ou se venger de ses adversaires.

(4) On n'a pas cru opportun, a dit le rapport, en présence des difficultés que présente le recrutement de certains conseils généraux, d'étendre l'exclusion à tous les magistrats des Cours d'appel, et on a établi une distinction entre la magistrature assise et les membres du parquet. Ces derniers, en effet, ont

3° Les présidents, vice-présidents, juges titulaires, juges d'instruction et membres du parquet des tribunaux de première instance, dans l'arrondissement du tribunal;

4° Les juges de paix, dans leurs cantons (1);

5° Les généraux commandant les divisions ou les subdivisions territoriales, dans l'étendue de leurs commandements;

6° Les préfets maritimes, majors généraux de la marine et commissaires de l'inscription maritime, dans les départements où ils résident;

7° Les commissaires et agents de police, dans les cantons de leur ressort;

8° Les ingénieurs en chef de département et les ingénieurs ordinaires d'arrondissement, dans le département où ils exercent leurs fonctions;

9° Les ingénieurs du service ordinaire des mines, dans les cantons de leur ressort;

10° Les recteurs d'académie, dans le ressort de l'académie;

11° Les inspecteurs d'académie et les inspecteurs des écoles primaires, dans le département où ils exercent leurs fonctions;

12° Les ministres des différents cultes, dans les cantons de leur ressort;

13° Les agents et comptables de tout ordre, employés à l'assiette, à la perception et au recouvrement des contributions directes ou indirectes, et au paiement des dépenses publiques de toute nature, dans le département où ils exercent leurs fonctions;

14° Les directeurs et inspecteurs des postes, des télégraphes et des manufactures de tabac, dans le département où ils exercent leurs fonctions;

15° Les conservateurs, inspecteurs et autres agents des eaux et forêts, dans les cantons de leur ressort (2);

---

seuls une action assez directe sur les justiciables, et spécialement sur les officiers ministériels, pour qu'ils puissent être soupçonnés d'en user en faveur de leurs candidatures.

(1) C'est surtout à l'égard des magistrats et des juges de paix, a dit M. le rapporteur à la suite de ses observations sur le n° 4 de l'article 8, que ces inconvénients présenteraient une gravité particulière, parce que leurs fonctions leur imposent, d'une façon toute spéciale, le devoir de se tenir en dehors de la lutte des partis et de rester les organes impassibles de la loi. Aussi bien une loi, récemment votée par l'Assemblée nationale, a-t-elle donné sur ce point une satisfaction immédiate à l'opinion publique. Il est bon de faire remarquer que les juges suppléants et les suppléants des juges de paix ne tombent pas sous l'application de l'article 8.

(2) La commission avait proposé de rendre les conservateurs des hypothèques inéligibles dans leur arrondissement. Cette proposition ayant été rejetée par l'Assemblée, M. Ventavon a demandé si le n° 13 du même article 8 qui déclare inéligibles les agents et comptables de tout ordre employés à l'assiette, à la perception et au recouvrement des contributions directes ou indirectes ne serait pas applicable aux conservateurs des hypothèques. M. Ventavon a exposé les motifs qui lui faisaient penser que ces conservateurs n'étaient pas compris dans la disposition de ce n° 13, mais il a demandé quelle était l'opinion de la commission à cet égard.

M. le rapporteur a répondu que l'Assemblée, en décidant que les conservateurs

16° Les vérificateurs des poids et mesures, dans les cantons de leur ressort (1).

Art. 9. Le mandat de conseiller général est incompatible, dans toute la France, avec les fonctions énumérées aux numéros 1 et 7 de l'article 8 (2).

Art. 10. Le mandat de conseiller général est incompatible, dans le département, avec les fonctions d'architecte départemental, d'agent voyer, d'employé des bureaux de la préfecture ou d'une sous-préfecture, et généralement de tous les agents salariés ou subventionnés sur les fonds départementaux.

La même incompatibilité existe à l'égard des entrepreneurs des services départementaux.

Art. 11. Nul ne peut être membre de plusieurs conseils généraux.

Art. 12. Les colléges électoraux sont convoqués par le pouvoir exécutif.

Il doit y avoir un intervalle de quinze jours francs, au moins, entre la date du décret de convocation et le jour de l'élection, qui sera toujours un dimanche. Le scrutin est ouvert à sept heures du matin et clos le même jour à six heures. Le dépouillement a lieu immédiatement (3).

Lorsqu'un second tour de scrutin est nécessaire, il y est procédé le dimanche suivant.

Art. 13. Immédiatement après le dépouillement du scrutin, les procès-verbaux de chaque commune, arrêtés et signés, sont portés au chef-lieu du canton par deux membres du bureau. Le recensement général des votes est fait par le bureau du chef-lieu, et le résultat est proclamé par son président, qui adresse tous les procès-verbaux et les pièces au préfet.

Art. 14. Nul n'est élu membre du conseil général au premier tour de scrutin, s'il n'a réuni :

1° La majorité absolue des suffrages exprimés ;

2° Un nombre de suffrages égal au quart de celui des électeurs inscrits.

Au second tour de scrutin, l'élection a lieu à la majorité relative, quel que soit le nombre des votants. Si plusieurs candidats obtiennent le même nombre de suffrages, l'élection est acquise au plus âgé.

---

des hypothèques étaient éligibles dans leur propre arrondissement, a voulu dire en même temps qu'ils étaient à *fortiori* éligibles dans le département.

(1) M. Malézieux a proposé un article additionnel à l'article 8, rendant inéligibles dans les cantons où ils exercent leur commandement, les officiers de la gendarmerie et les officiers de la garde mobile.

L'article additionnel n'a pas été pris en considération.

(2) Il résulte de cette disposition qu'après avoir déclaré inéligibles dans les cantons où ils exercent leur autorité, les fonctionnaires mentionnés aux n°s 4 et 7 de l'art. 8, la loi les frappe presque d'inéligibilité partout. Il y a cependant cette différence entre l'incapacité et l'incompatibilité, que ces fonctionnaires nommés ailleurs que dans leurs cantons pourraient siéger en se démettant de leurs fonctions.

(3) La commission n'avait pas fixé de délai entre le jour de la convocation et celui de l'élection. Sur la troisième lecture, elle a proposé une disposition additionnelle ainsi conçue: « Il doit y avoir un intervalle de vingt jours francs au moins

Art. 15 (1). Les élections peuvent être arguées de nullité par

---

entre la date de la convocation et le jour de l'élection, qui sera toujours un dimanche.

Sur une observation de **M.** le ministre de l'intérieur relativement au délai, il a été réduit à quinze jours, et la disposition a été votée comme ci-dessus.

M. Gaslonde avait demandé que le délai partît de la date de la *promulgation* du décret de convocation. **M.** le président a dit : Cela s'entend ainsi. Le décret n'existe que du jour de la promulgation comme mesure exécutoire.

(1) La première rédaction comprenait un ensemble de dispositions sous les n°s 16, 17 et 18 relativement au droit d'arguer les élections de nullité et à la compétence. Elles étaient ainsi conçues :

Art. 16. (Art. 50 et 51 de la loi de 1833.) Les élections peuvent être arguées de nullité par tout électeur du canton. Si sa réclamation n'a pas été consignée au procès-verbal, elle est déposée, dans le délai de quinze jours à partir du jour de l'élection, au secrétariat général de la préfecture.

Le préfet peut également, dans le délai de quinze jours, à dater de la réception du procès-verbal, provoquer l'annulation de l'élection, s'il croit que les conditions et formalités légalement prescrites n'ont pas été observées.

Art. 17. Le conseil général statue sur les réclamations relatives à la validité de l'élection de ses membres.

Art. 18. (Art. 52 et 53 de la loi de 1833.) Si la réclamation implique la solution d'une question d'état ou de domicile, cette question préjudicielle est portée devant le tribunal d'arrondissement qui statue, sauf l'appel. L'acte d'appel devra, sous peine de nullité, être notifié dans les dix jours à la partie, quelle que soit la distance des lieux. La cause sera jugée sommairement, toutes affaires cessantes, et sans qu'il soit besoin du ministère d'avoué. Les actes judiciaires auxquels elle donnera lieu seront enregistrés gratis. L'affaire sera rapportée en audience publique par un des membres de la Cour, et l'arrêt sera prononcé après que la partie ou son défenseur et le ministère public auront été entendus.

La commission y substitua la rédaction suivante sous les n°s 15, 16 et 17 :

Art. 15. Les élections peuvent être arguées de nullité par tout électeur du canton.

Si sa réclamation n'a pas été consignée au procès-verbal, elle doit être adressée au conseil général avant l'ouverture de la plus prochaine session.

Art. 16. Le conseil général statue sur les réclamations relatives à la validité de l'élection de ses membres et vérifie leurs pouvoirs.

Le droit de prendre part aux votes est suspendu pour ceux dont l'admission est ajournée par décision du conseil général. Toutefois, cette suspension ne peut dépasser la durée de la session dans laquelle l'ajournement a été prononcé.

Art. 17. Si la réclamation implique la solution d'une question d'état ou de domicile, cette question préjudicielle est portée devant le tribunal de l'arrondissement, qui statue sauf l'appel. L'acte d'appel devra, sous peine de nullité, être notifié dans les dix jours à la partie, quelle que soit la distance des lieux. La cause sera jugée sommairement, toutes affaires cessantes, et sans qu'il soit besoin du ministère d'avoué. Les actes judiciaires auxquels elle donnera lieu seront enregistrés gratis. L'affaire sera rapportée en audience publique par un des membres de la Cour, et l'arrêt sera prononcé après que la partie ou son défenseur et le ministère public auront été entendus.

Ces dispositions ayant été renvoyées à la commission, l'article 15 fut ainsi rédigé : Les élections peuvent être arguées de nullité par tout électeur du canton. La réclamation énonce les griefs; si elle n'a pas été consignée au procès-verbal, elle doit être déposée au secrétariat général de la préfecture dans le délai de dix jours à partir du jour du recensement des votes ; il en est donné récépissé et elle est immédiatement notifiée, par la voie administrative, à la partie intéressée. Le préfet peut également, dans le même délai, provoquer l'antout électeur du canton (1). Si la réclamation n'a pas été consignée au procès-verbal, elle doit être déposée au secrétariat général de la préfecture. Il en est donné récépissé.

Art. 16. Le conseil général vérifie les pouvoirs de ses membres. Il n'y a pas de recours contre ses décisions (2).

Art. 17. Le conseiller général élu dans plusieurs cantons est tenu de déclarer son option au président du conseil général dans les trois jours qui suivront la vérification de ses pouvoirs. A défaut d'option dans ce délai le conseil général détermine, en séance publique et par la voie du sort, à quel canton le conseiller appartiendra.

Lorsque le nombre des conseillers non domiciliés dans le département dépasse le quart du conseil, le conseil général procède de

---

nulation de l'élection, s'il croit que les conditions et formalités légalement prescrites n'ont pas été observées.

Un nouveau renvoi à la commission ayant été prononcé, on s'est arrêté à la rédaction des articles 15 et 16 ci-dessus.

Il résulte de la rédaction de l'article 15 et de la suppression de la disposition relative au délai des réclamations, qu'elles peuvent être consignées au procès-verbal ou adressées au conseil général, et qu'elles sont admises tant que l'élection n'a pas été validée.

(1) M. Parent avait demandé que l'élection pût être attaquée non-seulement par l'électeur du canton, mais par tout électeur du département. Cet amendement a été rejeté. D'abord, il est contraire à la jurisprudence de cette assemblée, a dit M. le rapporteur, et, je crois, de toute assemblée élective. Il a toujours été admis que les élections ne pouvaient être arguées de nullité que par les électeurs faisant partie de la circonscription qui avait nommé le député.

C'est en effet à la circonscription et à ce qui constitue l'assemblée des électeurs qu'il faut s'arrêter pour déterminer le droit de réclamer.

Le conseiller général représente le canton; il est nommé par les électeurs du canton. Ce sont donc tous les électeurs qui ont le droit d'attaquer l'élection, lors même que le canton, ayant été divisé en sections, la critique de l'une des opérations de section serait faite par un électeur du canton qui aurait voté dans une autre section.

Du reste, ainsi que l'a dit M. Ganivet, le conseil général d'après l'art. 16 n'a pas besoin d'être saisi d'une réclamation, il peut statuer d'office sur les nullités qui peuvent exister, et à l'égard de ses délibérations sur ce point, le pouvoir que l'art. 47 de la loi donne au préfet ne peut pas s'exercer.

(2) Cette disposition a tranché les difficultés qui s'étaient élevées sur cette compétence. Les uns voulaient garder les anciennes attributions des conseils de préfecture, avec adjonction d'autres magistrats ; les autres, comme le projet, avaient recours aux tribunaux ordinaires ; les autres directement aux Cours d'appel ; les autres reconnaissaient un pouvoir au conseil général pour statuer, mais en le restreignant à certaines questions en réservant certaines autres aux tribunaux ordinaires ; les autres ne voulaient pas que le conseil général fût souverain et demandaient qu'il y eût appel devant l'Assemblée nationale, les autres voulaient porter le débat devant un conseil général voisin de celui auquel appartiendrait l'élu contesté.

Un point principal dominait ces débats : fallait-il ériger le conseil général en juge statuant comme tout tribunal, avec des formes, des délais, une procédure, en réservant au contesté le droit de se défendre et le droit d'appeler de la décision ou bien fallait-il reconnaître au conseil général un pouvoir souverain, statuant la même façon pour désigner celui ou ceux dont l'élection doit être annulée (1).

Art. 18. Tout conseiller général qui, par une cause survenue postérieurement à son élection, se trouve dans un des cas prévus par les articles 7, 8, 9 et 10, ou se trouve frappé de l'une des incapacités qui font perdre la qualité d'électeur, est déclaré démissionnaire par le conseil général, soit d'office, soit sur la réclamation de tout électeur (2).

Art. 19. Lorsqu'un conseiller général aura manqué à une session ordinaire sans excuse légitime admise par le conseil, il sera déclaré démissionnaire par le conseil général, dans la dernière séance de la session.

Art. 20. Lorsqu'un conseiller général donne sa démission, il l'adresse au président du conseil général ou au président de la commission départementale, qui en donne immédiatement avis au préfet.

Art. 21. Les conseillers généraux sont nommés pour six ans ; ils sont renouvelés par moitié tous les trois ans, et indéfiniment

---

même d'office et même sans appeler l'élu, sans l'admettre non plus à se défendre et sans aucun recours possible ?

C'est à ce dernier parti que l'Assemblée s'est arrêtée.

Il en résulte que le conseil général sera juge de toutes les questions, même des questions d'état qui pourront s'élever. Cependant, nous croyons que si devant le conseil général surgit une question d'état ou autre, présentant des difficultés pour l'application de la loi civile, le conseil général pourrait en renvoyer la solution devant les tribunaux ordinaires, sauf à statuer ensuite sur l'élection dont la validité dépendrait de cette question préjudicielle.

(1) M. *Ganivet.* Je désirerais faire une observation. Si le conseiller général qui doit être l'objet d'un tirage au sort, a été élu dans deux départements différents, je demande à la commission quel sera le conseiller général compétent ?

M. *le rapporteur.* La seule réponse que nous ayons à faire, c'est que le cas ne s'est encore jamais présenté.

M. *le président.* Il est évident qu'ils seront compétents tous les deux. (Bruits divers.)

Cette réponse de M. le président ne nous paraît pas entièrement satisfaisante.

En effet, si la question de M. Ganivet se rapportait à un même conseiller général nommé à la fois par deux cantons, dans deux départements, ce qui serait fort bizarre et ne se présentera sans doute jamais, M. le président aurait raison : les deux conseils généraux seraient compétents pour statuer sur une option que par une autre bizarrerie le conseiller refuserait de faire.

Mais si la question de M. Ganivet se rapportait au cas, qui peut se présenter, d'un conseiller général nommé dans deux départements, la réponse de M. le président serait inexacte ; d'abord l'article 11, qui interdit d'être membre de deux conseils généraux, n'a pas parlé de l'option à faire par l'élu ; aucun délai n'est fixé, comme dans l'article 18, et l'article 11 n'a pas dit non plus par qui la nullité de l'une des élections serait prononcée.

Ensuite, on ne pourrait reconnaître aux deux conseils généraux le droit de prononcer l'annulation, car l'élu pourrait se trouver dans une singulière situation entre les deux votes qui prononceraient chacun l'annulation.

Il y a donc une lacune dans l'article 11 ; la pratique amènera sans doute une solution. Il n'y aurait pas de difficulté si les deux élections n'étaient pas faites le même jour, il est évident que la seconde serait nulle ; si elles sont du même jour, l'élu devra opter.

(2) On ne pourrait refuser au préfet le droit d'adresser cette réclamation.

rééligibles. En cas de renouvellement intégral à la session qui suit ce renouvellement, le conseil général divise les cantons du département en deux séries, en répartissant, autant que possible, dans une proportion égale les cantons de chaque arrondissement dans chacune des séries, et il procède ensuite à un tirage au sort pour régler l'ordre du renouvellement des séries (1).

Art. 22. En cas de vacances par décès, option, démission, par une des causes énumérées aux articles 17, 18 et 19, ou par toute autre cause, les électeurs devront être réunis dans le délai de trois mois.

Toutefois, si le renouvellement légal de la série à laquelle appartient le siége vacant doit avoir lieu avant la prochaine session ordinaire du conseil général, l'élection partielle se fera à la même époque.

La commission départementale est chargée de veiller à l'exécution du présent article. Elle adresse ses réquisitions au préfet et, s'il y a lieu, au ministre de l'intérieur (2).

TITRE III. — Des sessions des conseils généraux.

Art. 23. Les conseils généraux ont chaque année deux sessions ordinaires (3).

La session dans laquelle sont délibérés le budget et les comptes commence de plein droit le premier lundi qui suit le 15 août et ne pourra être retardée que par une loi (4).

L'ouverture de l'autre session a lieu au jour fixé par le conseil général dans la session du mois d'août précédent. Dans le cas où le conseil général se serait séparé sans avoir pris aucune décision

---

(1) Un débat s'est établi entre la durée de 9 ans avec renouvellement par tiers et la durée de 6 ans avec renouvellement par moitié ou par tiers.

Lors de la deuxième délibération, la majorité a été acquise au délai de 9 ans avec renouvellement par tiers, comme au projet ; mais sur la troisième délibération, l'article a été rédigé comme ci-dessus.

(2) D'après la législation actuelle, (a dit le rapport), la nouvelle élection devait avoir lieu dans les deux mois ; mais, dans la pratique des dernières années, cette disposition a été souvent violée, en partie parce qu'elle manquait de sanction, et laissait le champ ouvert à l'arbitraire administratif. Les innovations proposées par la commission remédient à ces inconvénients, en étendant le délai de rigueur à trois mois, et en décidant que l'élection partielle sera différée jusqu'au moment du renouvellement légal d'une série, si ce renouvellement doit avoir lieu avant la prochaine session ordinaire du conseil général. Quant à la sanction, qui faisait défaut, elle se trouvera désormais entre les mains de la commission départementale, qui aura le droit de requérir auprès du préfet, du ministre de l'intérieur, la convocation des électeurs dans le délai légal ; le refus du ministre engagerait nécessairement sa responsabilité devant l'Assemblée nationale.

(3) M. Mazère avait demandé que le conseil général eût quatre sessions par an. Cet amendement avait en vue la non-existence d'une commission départementale ; mais la création de cette commission ayant été adoptée, l'amendement n'avait plus sa raison d'être.

(4) Dans le cas par exemple où le Budget de l'État n'aurait pas encore été voté.

à cet égard, le jour sera fixé et la convocation sera faite par la commission départementale, qui en donnera avis au préfet (1).

La durée de la session d'août ne pourra excéder un mois ; celle de l'autre session ordinaire ne pourra excéder quinze jours.

Art. 24. Les conseils généraux peuvent être réunis extraordinàirement :

1º Par décret du chef du pouvoir exécutif ;

2º Si les deux tiers des membres en adressent la demande écrite au président.

Dans ce cas, le président est tenu d'en donner avis immédiatement au préfet, qui devra convoquer d'urgence (2).

La durée des sessions extraordinaires ne pourra excéder huit jours.

Art. 25. A l'ouverture de la session d'août, le conseil général, réuni sous la présidence du doyen d'âge, le plus jeune membre faisant fonctions de secrétaire, nomme au scrutin secret et à la majorité absolue son président, un ou plusieurs vice-présidents et ses secrétaires.

Leurs fonctions durent jusqu'à la session d'août de l'année suivante.

Art. 26. Le conseil général fait son règlement intérieur.

Art. 27. Le préfet a entrée au conseil général ; il est entendu quand il le demande, et assiste aux délibérations, excepté lorsqu'il s'agit de l'apurement de ses comptes.

Art. 28. Les séances des conseils généraux sont publiques.

Néanmoins, sur la demande de cinq membres, du président ou du préfet, le conseil général, par assis et levé, sans débats, décide s'il se formera en comité secret.

Art. 29. Le président a seul la police de l'assemblée.

Il peut faire expulser de l'auditoire ou arrêter tout individu qui trouble l'ordre.

En cas de crime ou de délit, il en dresse procès-verbal, et le procureur de la République en est immédiatement saisi.

Art. 30. Le conseil général ne peut délibérer si la moitié plus un des membres dont il doit être composé n'est présente (3).

---

(1) D'après le rapport cette seconde session pourrait avoir lieu aux environs de Pâques et coïnciderait avec les vacances que les assemblées législatives ont l'habitude de prendre à cette saison de l'année.

(2) Le projet primitif de la commission donnait à la commission départementale le droit de convoquer extraordinairement le conseil général. La commission elle-même a rayé cette disposition, par déférence, a dit le rapporteur, pour le désir exprimé par M. le ministre de l'intérieur et sur la représentation faite par plusieurs membres de l'Assemblée.

M. Reverchon a demandé que la convocation fût faite si la moitié plus un des membres de la commission départementale en adressait la demande au président de la dernière session ordinaire.

L'article ayant été renvoyé à la commission, elle a persisté dans la rédaction ci-dessus, qui a été adoptée.

(3) M. Naquet a demandé, lors de la troisième délibération, de rédiger ainsi cette disposition : Le conseil général ne peut délibérer que si le nombre des

Les votes sont recueillis au scrutin public, toutes les fois que le sixième des membres présents le demande. En cas de partage, la voix du président est prépondérante.

Néanmoins, les votes sur les nominations et sur les validations d'élections contestées ont toujours lieu au scrutin secret.

Le résultat des scrutins publics, énonçant les noms des votants, est reproduit au procès-verbal.

Art. 31. Les conseils généraux devront établir jour par jour un compte rendu sommaire et officiel de leurs séances, qui sera tenu à la disposition de tous les journaux du département, dans les quarante-huit heures qui suivront la séance.

Les journaux ne pourront apprécier une discussion du conseil général sans reproduire en même temps la portion du compte rendu afférente à cette discussion.

Toute contravention à cette disposition sera punie d'une amende de 50 à 500 francs.

Art. 32. Les procès-verbaux des séances, rédigés par un des secrétaires, sont arrêtés au commencement de chaque séance, et signés par le président et le secrétaire.

Ils contiennent les rapports, les noms des membres qui ont pris part à la discussion et l'analyse de leurs opinions.

Tout électeur ou contribuable du département a le droit de demander la communication sans déplacement et de prendre copie de toutes les délibérations du conseil général, ainsi que des procès-verbaux des séances publiques, et de les reproduire par la voie de la presse (1).

Art. 33. Tout acte et toute délibération d'un conseil général relatifs à des objets qui ne sont pas légalement compris dans ses attributions sont nuls et de nul effet.

La nullité est prononcée par un décret rendu dans la forme des règlements d'administration publique.

Art. 34. Toute délibération prise hors des réunions du conseil, prévues ou autorisées par la loi, est nulle et de nul effet.

Le préfet, par un arrêté motivé, déclare la réunion illégale, prononce la nullité des actes, prend toutes les mesures néces-

---

membres présents dépasse la moitié du nombre total des conseillers, le conseil étant supposé au complet.

Cet amendement n'a pas été pris en considération. L'Assemblée a pensé sans doute que la rédaction de la commission disait suffisamment que la moitié doit être dépassée, et que le conseil était supposé au complet.

(1) Les articles 31 et 32 ont eu pour but d'empêcher les journaux de se livrer à des analyses et à des appréciations des opinions émises au sein du conseil général sans faire connaître le véritable compte rendu émané du conseil même.

Un membre a demandé s'il fallait que le compte rendu et l'appréciation fussent dans le même numéro du journal.

On a répondu que l'article disait : *en même temps*, ce qui fait voir qu'il ne peut y avoir d'intervalle entre l'appréciation faite par le journal et la publication du compte rendu.

Les mots *dans les quarante-huit heures qui suivront la séance* ont été ajoutés sur un amendement de M. Loustalot, qui accordait vingt-quatre heures seulement.

saires pour que l'assemblée se sépare immédiatement et transmet son arrêté au procureur général du ressort pour l'exécution des lois et l'application, s'il y a lieu, des peines déterminées par l'article 258 du Code pénal. En cas de condamnation, les membres condamnés sont déclarés par le jugement exclus du conseil et inéligibles pendant les trois années qui suivront la condamnation.

Art. 35. Pendant les sessions de l'Assemblée nationale, la dissolution d'un conseil général ne peut être prononcée par le chef du pouvoir exécutif, que sous l'obligation expresse d'en rendre compte à l'Assemblée dans le plus bref délai possible. En ce cas, une loi fixe la date de la nouvelle élection, et décide si la commission départementale doit conserver son mandat jusqu'à la réunion du nouveau conseil général, ou autorise le pouvoir exécutif à en nommer provisoirement une autre.

Art. 36. Dans l'intervalle des sessions de l'Assemblée nationale, le chef du pouvoir exécutif peut prononcer la dissolution d'un conseil général pour des causes spéciales à ce conseil.

Le décret de dissolution doit être motivé.

Il ne peut jamais être rendu par voie de mesure générale. Il convoque en même temps les électeurs du département pour le quatrième dimanche qui suivra sa date. Le nouveau conseil général se réunit de plein droit le deuxième lundi après l'élection et nomme sa commission départementale (1).

Titre IV. — *Des attributions des conseils généraux.*

Art. 37. Le conseil général répartit chaque année, à sa session d'août, les contributions directes, conformément aux règles établies par les lois.

Avant d'effectuer cette répartition, il statue sur les demandes délibérées par les conseils compétents en réduction de contingents.

Art. 38. Le conseil général prononce définitivement sur les demandes en réduction de contingent formées par les communes, et préalablement soumises au conseil compétent.

---

(1) Les articles 35 et 36 n'étaient pas dans le projet de la commission tels qu'ils ont été adoptés.

La disposition primitive était ainsi conçue : La dissolution d'un ou de plusieurs conseils généraux ne peut être prononcée que par une loi. En ce cas, la loi fixe la date de la nouvelle élection qui doit avoir lieu avant l'époque de la session suivante, et au plus tard dans le délai de trois mois, à partir du jour de la dissolution. La loi décide si la commission départementale doit conserver son mandat jusqu'à la réunion du nouveau conseil général, ou autorise le pouvoir exécutif à en nommer provisoirement une autre.

Après une longue discussion sur la question de savoir si le chef du pouvoir exécutif devait avoir le droit de dissoudre ou du moins de suspendre un conseil général, le renvoi à la commission a été prononcé.

Les articles 35 et 36 ont été définitivement adoptés comme ci-dessus. Le délai dans lequel les électeurs doivent être convoqués après la dissolution était au troisième dimanche suivant; lors de la deuxième délibération, il a été porté au quatrième dimanche. M. le ministre de l'intérieur et d'autres membres demandaient un délai plus long.

Art. **39.** Si le conseil général ne se réunissait pas, ou s'il se séparait sans avoir arrêté la répartition des contributions directes, les mandements des contingents seront délivrés par le préfet, d'après les bases de la répartition précédente, sauf les modifications à porter dans le contingent en exécution des lois.

Art. **40.** Le conseil général vote les centimes additionnels, dont la perception est autorisée par les lois.

Il peut voter des centimes extraordinaires dans la limite du maximum fixé annuellement par la loi de finances.

Il peut voter également les emprunts départementaux remboursables dans un délai qui ne pourra excéder quinze années, sur les ressources ordinaires et extraordinaires (1).

Art. **41.** Dans le cas où le conseil général voterait une contribution extraordinaire ou un emprunt au delà des limites déterminées dans l'article précédent, cette contribution ou cet emprunt ne pourrait être autorisé que par une loi.

Art. **42.** Le conseil général arrête, chaque année, à sa session d'août, dans les limites fixées annuellement par la loi de finances, le maximum du nombre des centimes extraordinaires que les conseils municipaux sont autorisés à voter, pour en affecter le produit à des dépenses extraordinaires d'utilité communale.

Si le conseil général se sépare sans l'avoir arrêté, le maximum fixé pour l'année précédente est maintenu jusqu'à la session d'août de l'année suivante (2).

Art. **43.** Chaque année, dans sa session d'août, le conseil général, par un travail d'ensemble, comprenant toutes les communes du département, procède à la révision des sections électorales et en dresse le tableau (3).

---

(1) « D'après le texte de la loi de 1866, a dit le rapport, le conseil général pouvait voter, dans la limite annuellement fixée par la loi de finances, des centimes extraordinaires affectés à des dépenses extraordinaires d'utilité départementale. Il était inutile de conserver cette restriction, qui est purement nominale et qui est constamment violée dans la pratique, par exemple lorsque ces centimes sont consacrés à l'entretien des chemins vicinaux ou au remboursement d'un emprunt. D'après l'ancienne rédaction, le paragraphe suivant se terminait par ces mots : « remboursables sur ces centimes extraordinaires ou sur les ressources ordinaires. » Sa nouvelle rédaction porte : « remboursables sur les ressources ordinaires et extraordinaires, » parce qu'il arrive quelquefois qu'un emprunt est remboursé sur des recettes éventuelles, telles que le produit de la vente d'un immeuble. Enfin, on a jugé utile de porter, de douze à quinze ans, le délai pour le remboursement des emprunts que le conseil général peut voter de sa propre autorité. »

(2) M. le rapporteur a dit sur cet article : La loi de 1866 fixait un maximum de centimes pour les communes, 0 fr. 20. Nous n'avons pas mis dans notre projet de loi de maximum, et nous avons changé la rédaction en disant que ce maximum sera voté par la loi de finances. Je fais cette observation pour qu'il soit bien entendu que nous ne voulons pas innover sur le chiffre qui reste à fixer dans la loi de finances.

(3) « L'article 43 ne fait que rappeler un paragraphe de la loi du 15 avril 1871 sur les élections municipales; cette loi est provisoire, il est vrai, mais l'intervention du conseil général dans la révision des sections électorales des communes a un caractère permanent, et demeurera une de ses attributions

Art. 44. Le conseil général opère la reconnaissance, détermine la largeur et prescrit l'ouverture et le redressement des chemins vicinaux de grande communication et d'intérêt commun.

Les délibérations qu'il prend à cet égard produisent les effets spécifiés aux art. 15 et 16 de la loi du 21 mai 1836 (1).

Art. 45. Le conseil général, sur l'avis motivé du directeur et de la commission de surveillance, pour les écoles normales, du proviseur ou du principal et du bureau d'administration, pour les lycées ou colléges, du chef d'institution, pour les institutions d'enseignement libre, nomme et révoque les titulaires des bourses entretenues sur les fonds départementaux.

L'autorité universitaire, ou le chef d'institution libre, peut prononcer la révocation dans les cas d'urgence ; ils en donnent avis immédiatement au président de la commission départementale et en font connaître les motifs.

Le conseil général détermine les conditions auxquelles seront tenus de satisfaire les candidats aux fonctions rétribuées exclusivement sur les fonds départementaux et les règles des concours d'après lesquels les nominations devront être faites.

---

les plus précieuses, parce quelle est une nouvelle garantie de sincérité des élections. »

(1) L'article 44 du projet tel qu'il était sorti de la deuxième délibération donnait au conseil général le droit de prononcer la déclaration d'utilité publique, des routes départementales, des chemins vicinaux de grande communication et des autres travaux à exécuter sur les fonds du département, excepté les chemins de fer d'intérêt local. L'article ajoutait : Cette déclaration aura les mêmes effets que le décret exigeait par les articles 2 et 3 de la loi du 3 mai 1841.

Il (le conseil général) prononce également la déclaration d'utilité publique des chemins vicinaux ordinaires, lorsqu'il y a lieu d'exproprier des terrains bâtis.

Sur la troisième délibération, M. Léon Clément a proposé un amendement tendant à enlever au conseil général le droit de déclaration d'utilité publique et ainsi conçu :

« Le conseil général opère la reconnaissance, détermine la largeur et prescrit l'ouverture et le redressement des chemins vicinaux de grande communication et d'intérêt commun ; les délibérations qu'il prend à cet égard produisent les effets spécifiés aux articles 15 et 16 de la loi du 21 mai 1836. »

D'après ces deux articles de la loi de 1836, les décisions du conseil général. sur la reconnaissance et la largeur des chemins, opèrent expropriation des terrains qui y sont compris ; mais les décisions relatives à l'ouverture ou au redressement ne sont exécutées, s'il y a lieu à expropriation, qu'après des formalités déterminées par cette même loi de 1836.

L'amendement de M. Léon Clément ayant été pris en considération, la commission, après examen, ne l'a pas adopté et a persisté dans sa première rédaction.

Nous ne pouvons transcrire ici en note les graves discussions auxquelles cet amendement a donné lieu ; elles ont été reproduites dans le *Journal des Communes*, t. 44, p. 34 et suiv.

Cet amendement n'avait, en définitive, pour objet, que d'attribuer au conseil général les pouvoirs que la loi du 21 mai 1836 avait délégués aux préfets.

a été adopté par l'Assemblée tel qu'il avait été présenté par M. Léon ment.

Néanmoins, sont maintenus les droits des archivistes paléographes, tels qu'ils sont réglés par l'ordonnance de 1833 (1).

Art. 46. Le conseil général statue définitivement sur les objets ci-après désignés, savoir :

1° Acquisition, aliénation et échange des propriétés départementales, mobilières ou immobilières, quand ces propriétés ne sont pas affectées à l'un des services énumérés au n° 4;

2° Mode de gestion des propriétés départementales ;

3° Baux de biens donnés ou pris à ferme ou à loyer, quelle qu'en soit la durée ;

4° Changement de destination des propriétés et des édifices départementaux autres que les hôtels de préfecture et de sous-préfecture, et des locaux affectés aux Cours d'assises, aux tribunaux, aux écoles normales, au casernement de la gendarmerie et aux prisons;

5° Acceptation ou refus de dons et legs faits au département, quand ils ne donnent pas lieu à réclamation (2);

---

(1) L'article du projet était ainsi conçu :

Le conseil général nomme et révoque les titulaires des bourses entretenues sur les fonds départementaux.

Il nomme et révoque les titulaires de tous les emplois salariés sur les fonds départementaux dont il n'a point attribué lui-même la nomination à la commission départementale.

Une nouvelle rédaction a été proposée par la commission, d'accord avec M. le ministre de l'instruction publique.

Le conseil général, sur l'avis motivé du directeur de la commission de surveillance, pour les écoles normales, du proviseur ou du principal et du bureau d'administration, pour les lycées ou colléges, nomme et révoque les titulaires entretenus des bourses sur les fonds départementaux.

L'autorité universitaire peut prononcer la révocation dans les cas d'urgence; elle en donne avis immédiatement au président de la commission départementale et en fait connaître les motifs.

Le conseil général nomme et révoque, sur la proposition du préfet, les titulaires de tous les emplois salariés exclusivement sur les fonds départementaux, à l'exception toutefois de ceux qui relèvent de la juridiction du conseil supérieur de l'instruction publique.

Cette seconde disposition, qui enlevait aux préfets le droit de nommer ou de révoquer, n'a pas été adoptée par l'Assemblée. Elle y a substitué la disposition qui, en conservant ce droit aux préfets, fait fixer par le conseil général les conditions à remplir par les candidats.

La dernière disposition relative aux archivistes paléologues renvoie à l'ordonnance de 1833. Cependant à la séance du 7 août 1871 (*Journal officiel* du 8 août) l'Assemblée a adopté un amendement de M. de Kerdrel qui se référait au décret du 19 février 1850. Une instruction ministérielle, expliquera sans doute pourquoi la rédaction définitive est différente du vote.

(2) M. Waddington a dit dans son rapport sur cette disposition qu'elle contenait une innovation en ce que d'après la loi de 1866 il fallait que les dons et legs faits au département fussent sans charges ni affectation immobilière et ne donnassent lieu à aucune réclamation de la part des familles, pour que le conseil général pût statuer sur leur acceptation, et que la commission n'avait pas pensé que l'intervention du Gouvernement fût indispensable en pareille matière, et n'a maintenu que les réserves en faveur des familles; personne n'étant plus à même que le conseil général d'apprécier les charges et affectations immobilières attachées aux dons et legs.

6° Classement et direction des routes départementales ;

Projets, plans et devis des travaux à exécuter pour la construction, la rectification ou l'entretien desdites routes ;

Désignation des services qui seront chargés de leur construction et de leur entretien (1) ;

7° Classement et direction des chemins vicinaux de grande communication et d'intérêt commun ; désignation des communes qui doivent concourir à la construction et à l'entretien desdits chemins, et fixation du contingent annuel de chaque commune ; le tout sur l'avis des conseils compétents (2) ;

Répartition des subventions accordées, sur les fonds de l'Etat ou du département, aux chemins vicinaux de toute catégorie ;

Désignation des services auxquels sera confiée l'exécution des travaux sur les chemins vicinaux de grande communication et d'intérêt commun, et mode d'exécution des travaux à la charge du département ;

Taux de la conversion en argent des journées de prestation ;

8° Déclassement des routes départementales, des chemins vicinaux de grande communication et d'intérêt commun (3) ;

---

(1) MM. de Champvallier et comte Jaubert avaient demandé la suppression du troisième paragraphe du n° 6, afin de laisser complétement aux ingénieurs des ponts et chaussées, ainsi que cela existait, tout ce qui concerne la construction, la réparation et l'entretien des routes départementales.

L'amendement a été soutenu par M. le ministre des travaux publics, qui a craint que ce § 3 ne portât une atteinte grave, peut-être mortelle, au corps des ponts et chaussées.

On a répondu que ces craintes étaient exagérées et que les conseils généraux ne manqueraient pas de confier le service aux ingénieurs des ponts et chaussées, alors surtout que ceux-ci n'auraient plus à s'arroger une omnipotence et qu'ils n'offriraient que leur capacité incontestée.

La suppression n'a pas été adoptée

(2) M. Henri Vinay a proposé de terminer la première partie du n° 7 par ces mots :

Le maximum du contingent ne pourra, sans l'avis conforme du conseil municipal de chaque commune intéressée, excéder la moitié de ses centimes vicinaux ordinaires et de ses prestations.

L'amendement n'a pas été adopté.

(3) Le n° 8 portait : Déclassement des routes départementales, des chemins vicinaux de grande communication et d'intérêt commun, même lorsque leur tracé se prolonge sur le territoire d'un ou plusieurs départements, à la condition toutefois de consulter préalablement les départements intéressés.

M. de Marière a demandé à quoi sert l'avis qu'on demande aux départements voisins ? Quelle sera la portée de cette consultation ?

M. le rapporteur a répondu que chaque département restait libre dans sa vicinalité, et que ne s'agissant que de faire passer une route d'une classe dans une autre, le seul inconvénient qui résulterait du désaccord entre deux conseils généraux, c'est qu'à la limite du département la route aurait 7 mètres, par exemple, et se continuerait avec six.

Mais sur l'observation de M. Batbie, que l'article 93 du projet disait de quelle manière étaient décidées les questions d'intérêt commun, on a supprimé de cette partie du n° 7 les mots : même lorsque leur tracé se prolonge sur le territoire d'un ou plusieurs départements, à la condition toutefois de consulter préalablement les départements intéressés.

Le rapport disait sur cette disposition : « Il y a une distinction à établir

9° Projets, plans et devis de tous autres travaux à exécuter sur les fonds départementaux et désignation des services auxquels ces travaux seront confiés ;

10° Offres faites par les communes, les associations ou les particuliers pour concourir à des dépenses quelconques d'intérêt départemental ;

11° Concessions à des associations, à des compagnies ou à des particuliers de travaux d'intérêt départemental ;

12° Direction des chemins de fer d'intérêt local, mode et conditions de leur construction, traités et dispositions nécessaires pour en assurer l'exploitation (1) ;

13° Etablissement et entretien des bacs et passages d'eau sur les routes et chemins à la charge du département ; fixation des tarifs de péage ;

14° Assurances des bâtiments départementaux ;

15° Actions à intenter ou à soutenir au nom du département, sauf les cas d'urgence, dans lesquels la commission départementale pourra statuer ;

16° Transactions concernant les droits des départements ;

17° Recettes de toute nature et dépenses des établissements d'aliénés appartenant au département ; approbation des traités passés avec des établissements privés ou publics pour le traitement des aliénés du département (2) ;

18° Service des enfants assistés ;

19° Part de la dépense des aliénés et des enfants assistés, qui sera mise à la charge des communes, et bases de la répartition à faire entre elles (3) ;

20° Créations d'institutions départementales d'assistance pu-

---

entre le classement et le déclassement des routes et chemins. Pour le classement, le conseil général de chaque département est souverain, et il n'a qu'à agir suivant les intérêts et les convenances des populations qu'il représente. Mais il n'en est pas tout à fait de même pour le déclassement, parce qu'il y a des droits acquis qu'il faut respecter ; dans ce cas, une entente avec le département voisin est toujours désirable et devra toujours être tentée, sauf au conseil général à décider ensuite s'il doit passer outre. »

(1) M. de Montgolfier avait présenté un amendement tendant à ajouter à ce n° 12, conformément à la loi du 12 juillet 1865, dont les dispositions sont maintenues.

M. le rapporteur lui a répondu que la rédaction de ce n° 12 était purement et simplement celle de la loi du 12 juillet 1865.

L'amendement n'a pas été adopté.

(2) Les mots *de toute nature* ont été ajoutés au mot *recettes* qui était au projet, sur la demande de M. Daguenet.

(3) M. Henry Vinay a proposé une disposition additionnelle ainsi conçue :

Sur la base de la répartition qui sera arrêtée par un règlement général d'administration publique.

M. le rapporteur lui a répondu que la loi du 5 mai 1869, pour les enfants assistés, en fixant un maximum de la contribution des communes, lui donnait satisfaction, et qu'à l'égard des aliénés la question restait telle qu'elle était sous la loi de 1866. Les dépenses des aliénés ne sont pas considérables pour les communes ; quand il y a un aliéné ou deux dans une commune, c'est le maximum.

La disposition additionnelle n'a pas été adoptée.

blique, et service de l'assistance publique dans les établissements départementaux ;

21° Etablissement et organisation des caisses de retraite ou de tout autre mode de rémunération en faveur des employés des préfectures et des sous-préfectures et des agents salariés sur les fonds départementaux (1) ;

22° Part contributive du département aux dépenses des travaux qui intéressent à la fois le département et les communes ;

23° Difficultés élevées relativement à la répartition de la dépense des travaux qui intéressent plusieurs communes du département ;

24° Délibérations des conseils municipaux ayant pour but l'établissement, la suppression ou les changements de foires et marchés (2) ;

25° Délibérations des conseils municipaux ayant pour but la prorogation des taxes additionnelles d'octroi actuellement existantes, ou l'augmentation des taxes principales au delà d'un décime, le tout dans les limites du maximum des droits et de la nomenclature des objets fixés par le tarif général, établi conformément à la loi du 24 juillet 1867 ;

26° Changements à la circonscription des communes d'un même canton et à la désignation de leurs chefs-lieux, lorsqu'il y a accord entre les conseils municipaux (3) ;

Art. 47. Les délibérations par lesquelles les conseils généraux statuent définitivement sont exécutoires si, dans le délai de vingt jours, à partir de la clôture de la session, le préfet n'en a pas demandé l'annulation pour excès de pouvoir ou pour violation d'une disposition de la loi ou d'un règlement d'administration publique.

Le recours formé par le préfet doit être notifié au président du conseil général et au président de la commission départementale. Si dans le délai de deux mois, à partir de la notification, l'annulation n'a pas été prononcée, la délibération est exécutoire.

Cette annulation ne peut être prononcée que par un décret rendu dans la forme des règlements d'administration publique.

---

(1) Sur ce n° 21, M. le ministre de l'intérieur a fait observer que les caisses de retraite en faveur des employés de préfecture existent depuis longtemps, qu'elles fonctionnent bien, et qu'étant uniformes partout, elles facilitent la translation d'un employé d'un département dans un autre; que l'on s'exposerait à avoir des règlements différents; que d'ailleurs ces caisses n'ont pas été formées avec des fonds départementaux. M. le ministre a demandé que la disposition fût renvoyée à l'article 48, relatif aux délibérations du conseil général.

Mais la disposition du projet a été maintenue.

(2) M. Amat a demandé que l'établissement des foires et marchés fût laissé à la décision des conseils municipaux. Cette demande n'a pas été accueillie, afin d'éviter la trop grande multiplicité de ces établissements.

(3) M. de Lamberterie a demandé d'ajouter à ce numéro une disposition ainsi conçue :

Chaque conseil général a le droit d'établir, dans son département, pour le compte et dans l'intérêt de ce département, une caisse d'assurance contre l'incendie, qu'il administre lui-même. Cette disposition n'a pas été accueillie. (Voy. *suprà* le n° 11 de l'article 46.)

Art. 48. Le conseil général délibère :

1° Sur l'acquisition, l'aliénation et l'échange des propriétés départementales affectées aux hôtels de préfecture et de sous-préfectures, aux écoles normales, aux Cours d'assises et tribunaux, au casernement de la gendarmerie et aux prisons ;

2° Sur le changement de destination des propriétés départementales affectées à l'un des services ci-dessus énumérés ;

3° Sur la part contributive à imposer au département dans les travaux exécutés par l'Etat qui intéressent le département ;

4° Sur les demandes des conseils municipaux : 1° pour l'établissement ou le renouvellement d'une taxe d'octroi sur des matières non comprises dans le tarif général indiqué à l'article 46 ; 2° pour l'établissement ou le renouvellement d'une taxe excédant le maximum fixé par ledit tarif ; 3° pour l'assujettissement à la taxe d'objets non encore imposés dans le tarif local ; 4° pour les modifications aux règlements ou aux périmètres existants (1) ;

5° Sur tous les autres objets sur lesquels il est appelé à délibérer par les lois et règlements, et généralement sur tous les objets d'intérêt départemental dont il est saisi, soit par une proposition du préfet, soit sur l'initiative d'un de ses membres.

Art. 49. Les délibérations prises par le conseil général, sur les matières énumérées à l'article précédent, sont exécutoires si, dans le délai de trois mois, à partir de la clôture de la session, un décret motivé n'en a pas suspendu l'exécution (2).

Art. 50. Le conseil général donne son avis :

1° Sur les changements proposés à la circonscription du territoire du département, des arrondissements, des cantons et des communes, et la désignation des chefs-lieux, sauf le cas où il statue définitivement, conformément à l'art. 46, n° 26 ;

2° Sur l'application des dispositions de l'art. 90 du Codeforestier, relatives à la soumission au régime forestier des bois, taillis ou futaies appartenant aux communes, et à la conversion en bois, de terrains en pâturages ;

3° Sur les délibérations des conseils municipaux, relatives à l'aménagement, au mode d'exploitation, à l'aliénation et au défrichement des bois communaux ;

---

(1) Ces demandes étaient réglées par les art. 8 et suiv. de la loi du 24 juillet 1867.

(2) « L'article 49 introduit une innovation dans la législation. Actuellement, les délibérations du conseil général sur les matières non énumérées à l'article 46 ne sont exécutoires qu'après l'approbation expresse de l'autorité supérieure. Mais l'administration peut faire attendre cette approbation aussi longtemps qu'il lui plaît, et n'est pas même obligée de la refuser ; elle peut agir par voie de prétérition. Au point de vue du projet de loi, toute délibération d'un conseil général doit être tenue pour bonne jusqu'à preuve du contraire ; et si le gouvernement juge à propos de s'y opposer dans l'intérêt général, il faut que sa décision soit motivée sur des raisons sérieuses. D'après le même principe, il n'est pas nécessaire que le gouvernement signifie dans tous les cas son approbation, et à l'avenir la délibération sera exécutoire de plein droit si, dans le délai de trois mois, l'exécution n'en a pas été suspendue par un décret motivé. » (Rapport.)

Et généralement sur tous les objets sur lesquels il est appelé à donner son avis en vertu des lois et règlements, ou sur lesquels il est consulté par les ministres.

Art. 51. Le conseil général peut adresser directement au ministre compétent, par l'intermédiaire de son président, les réclamations qu'il aurait à présenter dans l'intérêt spécial du département, ainsi que son opinion sur l'état et les besoins des différents services publics, en ce qui touche le département.

Il peut charger un ou plusieurs de ses membres de recueillir sur les lieux les renseignements qui lui sont nécessaires pour statuer sur les affaires qui sont placées dans ses attributions.

Tous vœux politiques lui sont interdits. Néanmoins , il peut émettre des vœux sur toutes les questions économiques et d'administration générale (1).

Art. 52. Les chefs de service des administrations publiques dans le département sont tenus de fournir verbalement ou par écrit tous les renseignements qui leur seraient réclamés par le conseil général, sur les questions qui intéressent le département.

Art. 53. Le préfet accepte ou refuse les dons et legs faits au département, en vertu, soit de la décision du conseil général, quand il n'y a pas de réclamations des familles, soit de la décision du gouvernement, quand il y a réclamation.

Le préfet peut toujours, à titre conservatoire, accepter les dons et legs. La décision du conseil général ou du gouvernement, qui intervient ensuite, a effet du jour de cette acceptation.

Art. 54. Le préfet intente les actions en vertu de la décision du conseil général, et il peut, sur l'avis conforme de la commission départementale, défendre à toute action intentée contre le département.

Il fait tous actes conservatoires et interruptifs de déchéance.

En cas de litige entre l'Etat et le département, l'action est intentée ou soutenue, au nom du département, par un membre de la commission départementale, désigné par elle.

Le préfet, sur l'avis conforme de la commission départementale, passe les contrats au nom du département.

Art. 55. Aucune action judiciaire, autre que les actions possessoires, ne peut, à peine de nullité, être intentée contre un département qu'autant que le demandeur a préalablement adressé au

---

(1) Le projet primitif disait : Il (le conseil général) peut aussi émettre des vœux sur toutes les questions qui concernent l'intérêt général du pays.

Cette disposition ayant été renvoyée à la commission, une rédaction nouvelle a été présentée en ces termes : Le conseil général peut émettre des vœux sur toutes les questions économiques et d'administration générale. Tous autres vœux politiques sont interdits.

Cette rédaction pouvait laisser aux conseils généraux le droit de toucher à la politique dans les questions économiques et d'administration générale. La majorité ayant été d'avis d'écarter absolument tout vœu politique, l'article a été modifié en supprimant le mot *autres*.

Mais cette suppression a fait penser à la commission qu'il fallait adopter une autre rédaction, et l'article a été formulé par elle tel qu'il a été adopté.

préfet un mémoire exposant l'objet et les motifs de sa réclamation.

Il lui en est donné récépissé.

L'action ne peut être portée devant les tribunaux que deux
mois après la date du récépissé, sans préjudice des actes conservatoires.

La remise du mémoire interrompra la prescription, si elle est
suivie d'une demande en justice dans le délai de trois mois (1).

Art. 56. A la session d'août, le préfet rend compte au conseil
général, par un rapport spécial et détaillé, de la situation du département et de l'état des différents services publics.

A l'autre session ordinaire, il présente au conseil général un
rapport sur les affaires qui doivent lui être soumises pendant cette
session.

Ces rapports sont imprimés et distribués à tous les membres
du conseil général huit jours au moins avant l'ouverture de la
session.

Titre V. — Du budget et des comptes du département.

Art. 57. Le projet de budget du département est préparé et
présenté par le préfet, qui est tenu de le communiquer à la commission départementale, avec les pièces à l'appui, dix jours au
moins avant l'ouverture de la session d'août.

Le budget, délibéré par le conseil général, est définitivement
réglé par décret.

Il se divise en budget ordinaire et budget extraordinaire.

Art. 58. Les recettes du budget ordinaire se composent :

1° Du produit des centimes ordinaires additionnels dont le
nombre est fixé annuellement par la loi de finances ;

2° Du produit des centimes autorisés pour les dépenses des chemins vicinaux et de l'instruction primaire, par les lois des 21 mai
1836, 25 mars 1850 et 10 avril 1867, dont l'affectation spéciale est
maintenue ;

3° Du produit des centimes spéciaux affectés à la confection du
cadastre par la loi du 2 août 1829 ;

4° Du revenu et du produit des propriétés départementales ;

5° Du produit des expéditions d'anciennes pièces ou d'actes de
la préfecture déposés aux archives ;

6° Du produit des droits de péage des bacs et passages d'eau
sur les routes et chemins à la charge du département, des autres

---

(1) Le dernier paragraphe de cet article disait : Durant cet intervalle, le
cours de toute prescription demeurera suspendu.

C'est sur la demande de M. Batbie que la rédaction actuelle a été adoptée.

M. Batbie a fait observer que l'article 55 proposé par la commission était la
reproduction d'une disposition de la loi du 10 mai 1838, article 37, disposition
qui avait été critiquée par les jurisconsultes.

Il a dit que sa proposition s'appuyait non seulement sur la nature de l'acte
qui était interruptif de la prescription ; mais aussi sur le texte de la loi du 18
juillet 1837, article 54, qui, dans le même cas, attribuait à la remise du mémoire l'effet d'interrompre la prescription.

droits de péage et de tous autres droits concédés au département par les lois;

7° De la part allouée au département sur les fonds, inscrits annuellement au budget du ministère de l'intérieur, et répartis, conformément à un tableau annexé à la loi de finances, entre les départements qui, en raison de leur situation financière, doivent recevoir une allocation sur les fonds généraux du budget;

8° Des contingents de l'État et des communes pour le service des aliénés et des enfants assistés, et de toute autre subvention applicable au budget ordinaire;

9° Du contingent des communes et autres ressources éventuelles pour le service vicinal et pour les chemins de fer d'intérêt local.

Art. 59. Les recettes du budget extraordinaire se composent :

1° Du produit des centimes extraordinaires votés annuellement par le conseil général, dans les limites déterminées par la loi de finances, ou autorisés par des lois spéciales;

2° Du produit des emprunts;

3 Des dons et legs;

4° Du produit des biens aliénés;

5° Du remboursement des capitaux exigibles et des rentes rachetées;

6° De toutes autres recettes accidentelles.

Sont comprises définitivement parmi les propriétés départementales les anciennes routes impériales de troisième classe, dont l'entretien a été mis à la charge des départements par le décret du 16 décembre 1811 ou postérieurement (1).

Art. 60. Le budget ordinaire comprend les dépenses suivantes :

1° Loyer, mobilier et entretien des hôtels de préfecture et de sous-préfecture, du local nécessaire à la réunion du conseil départemental d'instruction publique et du bureau de l'inspecteur d'académie;

2° Casernement ordinaire des brigades de gendarmerie;

3° Loyer, entretien, mobilier et menues dépenses des Cours d'assises, tribunaux civils et tribunaux de commerce, et menues dépenses des justices de paix;

4° Frais d'impression et de publication des listes pour les élections consulaires, frais d'impression des cadres pour la formation des listes électorales et des listes du jury;

---

(1) Le rapport dit sur ce point : « L'art. 59 énumère les recettes extraordinaires. Comme le produit des biens aliénés se trouve compris dans cette nomenclature, on a cru utile de trancher par une disposition formelle une question controversée depuis longtemps. On sait que le décret du 16 décembre 1811 a mis à la charge des départements un assez grand nombre de routes impériales de troisième classe, devenues actuellement routes départementales, mais sans leur céder formellement le sol de ces routes. Aussi le conseil d'État les a-t-il toujours considérées comme faisant encore partie du domaine de l'État, malgré une circulaire ministérielle de 1842, et cette jurisprudence a souvent donné lieu à des difficultés, lorsqu'il arrivait à un département d'aliéner des parcelles de terrain qui provenaient de ces routes. Désormais le droit des départements ne pourra plus être contesté. »

5° Dépenses ordinaires d'utilité départementale ;

6° Dépenses imputées sur les centimes spéciaux établis en vertu des lois des 2 août 1829, 21 mai 1836, 15 mars 1850 et 10 avril 1867.

Néanmoins, les départements qui, pour assurer le service des chemins vicinaux et de l'instruction primaire, n'auront pas besoin de faire emploi de la totalité des centimes spéciaux, pourront en appliquer le surplus aux autres dépenses de leur budget ordinaire. L'affectation de l'excédant du produit des trois centimes spéciaux de l'instruction primaire à des dépenses étrangères à ce service ne pourra avoir lieu qu'à l'une des sessions de l'année suivante, et lorsque cet excédant aura été constaté en fin d'exercice.

Les départements qui seraient en situation d'user de la faculté autorisée par le paragraphe précédent, et qui n'en feraient pas usage, ne pourront recevoir aucune allocation sur les fonds mentionnés au numéro 7 de l'art. 58.

Art. 61. Si un conseil général omet d'inscrire au budget un crédit suffisant pour l'acquittement des dépenses énoncées aux numéros 1, 2, 3 et 4 de l'article précédent, ou pour l'acquittement de dettes exigibles, il y est pourvu au moyen d'une contribution spéciale, portant sur les quatre contributions directes, et établie par un décret, si elle est dans les limites du maximum fixé annuellement par la loi de finances, ou par une loi, si elle doit excéder ce maximum.

Le décret est rendu dans la forme des règlements d'administration publique et inséré au *Bulletin des lois*.

Aucune autre dépense ne peut être inscrite d'office dans le budget ordinaire, et les allocations qui y sont portées par le conseil général ne peuvent être ni changées ni modifiées par le décret qui règle le budget.

Art. 62. Le budget extraordinaire comprend les dépenses qui sont imputées sur les recettes énumérées à l'article 59.

Art. 63. Les fonds qui n'auront pu recevoir leur emploi dans le cours de l'exercice seront reportés, après clôture, sur l'exercice en cours d'exécution, avec l'affectation qu'ils avaient au budget voté par le conseil général.

Les fonds libres, provenant d'emprunts, de centimes ordinaires et extraordinaires recouvrés dans le cours de l'exercice, ou de toute autre recette, seront cumulés, suivant la nature de leur origine, avec les ressources de l'exercice en cours d'exécution, pour recevoir l'affectation nouvelle qui pourra leur être donnée par le conseil général dans le budget rectificatif de l'exercice courant.

Les conseils généraux peuvent porter au budget un crédit pour dépenses imprévues.

Art. 64. Le comptable chargé du recouvrement des ressources éventuelles est tenu de faire, sous sa responsabilité, toutes les diligences nécessaires pour la rentrée de ces produits.

Les rôles et états des produits sont rendus exécutoires par le préfet, et par lui remis au comptable.

Les oppositions, lorsque la matière est de la compétence des tribunaux ordinaires, sont jugées comme affaires sommaires.

Art. 65. Le comptable chargé du service des dépenses départementales ne peut payer que sur les mandats délivrés par le préfet, dans la limite des crédits ouverts par les budgets du département.

Art. 66. Le conseil général entend et débat les comptes d'administration qui lui sont présentés par le préfet, concernant les recettes et les dépenses du budget départemental.

Les comptes doivent être communiqués à la commission départementale, avec les pièces à l'appui, dix jours au moins avant l'ouverture de la session d'août.

Les observations du conseil général sur les comptes présentés à son examen sont adressées directement par son président au ministre de l'intérieur.

Ces comptes, provisoirement arrêtés par le conseil général, sont définitivement réglés par décret.

A la session d'août, le préfet soumet au conseil général le compte annuel de l'emploi des ressources municipales affectées aux chemins de grande communication et d'intérêt commun.

Art. 67. Les budgets et les comptes du département définitivement réglés sont rendus publics par la voie de l'impression.

Art. 68. Les secours pour travaux concernant les églises et les presbytères ;

Les secours généraux à des établissements et institutions de bienfaisance ;

Les subventions aux communes pour acquisition, construction et réparations de maisons d'école et de salles d'asile ;

Les subventions aux comices et associations agricoles, ne pourront être alloués par le ministre compétent, que sur la proposition du conseil général du département.

A cet effet, le conseil général dressera un tableau collectif des propositions en les classant par ordre d'urgence (1).

---

(1) Cet article était ainsi rédigé dans le projet : Seront répartis annuellement entre les départements, conformément aux tableaux qui seront annexés à cet effet à la loi de finances, les crédits ouverts sur les fonds généraux du budget pour les dépenses des chapitres ci-après désignés.

Ministère des cultes. — Secours pour travaux concernant les églises et presbytères.

Ministère de l'intérieur. — Secours généraux à des établissements et institutions de bienfaisance.

Ministère de l'instruction publique. — Dépenses des écoles primaires, imputables sur les fonds généraux de l'Etat.

Ministère de l'agriculture et du commerce. — Subventions aux comices et associations agricoles, secours spéciaux pour pertes matérielles et événements malheureux.

La part attribuée à chaque département sera distribuée entre les intéressés, conformément aux dispositions des articles 46 et 84 de la présente loi.

Cet article, relatif à la distribution des secours, a donné lieu à beaucoup de difficultés. M. le rapporteur avait dit, dans son rapport, qu'il inaugurait une réforme qui avait une portée considérable et qui procédait du principe même de la décentralisation dans son acception la plus élevée.

L'Assemblée a voulu donner aux conseils généraux la distribution de ces secours. Cependant, sur les observations de MM. les ministres de l'intérieur et du commerce, on a retranché de la disposition proposée les mots : *Secours spéciaux pour pertes matérielles et événements malheureux.*

Il a été entendu que, pour ces secours à donner dans ces cas imprévus, la

Titre VI. — *De la commission départementale.*

Art. 69. La commission départementale est élue chaque année, à la fin de la session d'août.

Elle se compose de quatre membres au moins et de sept au plus et elle comprend un membre choisi, autant que possible, parmi les conseillers élus ou domiciliés dans chaque arrondissement.

Les membres de la commission sont indéfiniment rééligibles (1).

Art. 70. Les fonctions de membre de la commission départementale sont incompatibles avec celles de maire du chef-lieu du département et avec le mandat de député (2).

---

répartition devait en être laissée à celui qui est toujours à son poste au moment où le fait se produit, et non pas au pouvoir qui n'est pas toujours en fonctions, ni à une loi de finances qui se fait un an à l'avance.

Sur la troisième délibération de l'article, M. le ministre de l'instruction publique a présenté une rédaction nouvelle. L'article a été renvoyé à la commission, qui a déclaré persister dans sa rédaction. M. le rapporteur a dit que la rédaction proposée par M. le ministre de l'instruction publique retirait indirectement au conseil général la disposition des fonds de secours, que l'article de la commission avait voulu lui donner.

Mais l'amendement de M. le ministre a été adopté.

Le dernier paragraphe de l'article a été ajouté sur la proposition de M. Victor Hamille, qui a dit : Ainsi, non-seulement le ministre sera tenu moralement, par les propositions du conseil général ; mais encore ces propositions trouveront une nouvelle force et auront une nouvelle influence au moyen du classement des demandes par ordre d'urgence ; je crois que ce sous-amendement est de nature à donner satisfaction aux personnes qui veulent, comme moi, accorder au conseil général une intervention efficace.

(1) M. Delille a présenté l'amendement suivant : Tous les membres du conseil général, à l'exception de ceux qui en sont dispensés par la loi, sont successivement appelés à faire partie de la commission départementale. Elle se compose de quatre membres au moins et de sept au plus. Autant que possible, chaque arrondissement doit y être représenté. Elle est renouvelée, par moitié, tous les six mois. Dans la première session qui suivra chaque renouvellement triennal, le conseil répartit les membres en séries de délégation. Le renouvellement des séries est réglé par un tirage au sort.

M. Soye a proposé de remplacer l'article 69 par la disposition suivante :

La commission départementale sera élue à la première session du conseil général. Elle se composera de six membres au moins et de neuf au plus. Elle comprendra un membre choisi, autant que possible, parmi les conseillers élus ou domiciliés dans chaque arrondissement. Les membres de la commission seront renouvelés par tiers tous les deux ans et ne pourront être réélus que deux ans après leur sortie de la commission.

Ces deux amendements ont été rejetés, l'un comme fixant une durée trop courte, l'autre une durée trop longue.

M. Parent avait proposé de nommer des membres suppléants en nombre égal aux membres effectifs, sans qu'il fût nécessaire de les choisir dans chaque arrondissement.

Cet amendement n'a pas été adopté.

(2) Un amendement avait été proposé pour rendre inéligible aux fonctions de députés le membre des commissions départementales dans le département où il aura exercé ses fonctions.

Cet amendement a été rejeté, même avec le sous-amendement tendant à

Art. 71. La commission départementale est présidée par le plus âgé de ses membres. Elle élit elle-même son secrétaire. Elle siége à la préfecture, et prend, sous l'approbation du conseil général et avec le concours du préfet, toutes les mesures nécessaires pour assurer son service (1).

Art. 72. La commission départementale ne peut délibérer si la majorité de ses membres n'est présente.

Les décisions sont prises à la majorité absolue des voix.

---

n'établir cette inéligibilité que pendant les six mois qui suivraient l'époque de la cessation des fonctions.

M. Parent avait proposé une disposition additionnelle à l'article 70 ainsi conçue :

« Avec des fonctions judiciaires et des fonctions salariées par l'Etat, le département ou une commune.

« Ne peuvent faire partie de la même commission départementale les parents ou alliés jusqu'au troisième degré inclusivement. L'alliance survenue ne fait pas cesser les fonctions. »

M. le rapporteur a dit sur cet amendement :

« Nous n'avons que deux mots à répondre pour repousser l'amendement de M. Parent, et la réponse sera pareille à celle que nous avons faite à d'autres. amendements : c'est qu'il faut laisser le conseil général juge de ces questions. Si vous vouliez régler d'avance tous ces détails, vous rendriez tout impossible

« Quant aux fonctionnaires salariés par le département, ils sont exclus du conseil général lui-même et par conséquent de la commission départementale. Quant aux juges à qui la loi n'attache pas le caractère d'exclusion, c'est le conseil général lui-même qui décidera si ceux qui en sont revêtus peuvent faire partie de la commission départementale, et je crois que le conseil général ne consentira pas facilement à confier ces fonctions à un juge, parce qu'il ne saurait être à la fois et sur son siége et au sein de la commission.

« Il faut donc laisser ces questions à l'appréciation du conseil général. (Très bien ! — Aux voix.) »

L'amendement a été rejeté.

A la troisième délibération, M. Limperani et autres ont reproduit l'amendement de M. Parent, en ajoutant que l'incompatibilité ne s'étendait pas aux suppléants ni aux membres honoraires.

Cet amendement n'a pas été pris en considération.

(1) La rédaction de la commission à la deuxième délibération portait :

« Chaque année, à la fin de la session d'août, la commission départementale choisit parmi ses membres un président et un secrétaire.

« En l'absence de son président, elle est présidée par le plus âgé de ses membres ;

« Elle prend, sous l'approbation du conseil général et avec le concours du préfet, toutes les mesures nécessaires pour assurer son service. »

M. de Clercq a proposé de remplacer cette disposition par celle-ci :

« La commission départementale est présidée par le préfet ou par celui qui le remplace dans ses fonctions. Le président a voix délibérative, mais non prépondérante ; en cas d'empêchement, la commission nomme un de ses membres pour la présider.

« La commission élit elle-même son secrétaire.

« Elle prend, sous l'approbation du conseil général, toutes les mesures nécessaires pour assurer son service. »

Cet amendement a été rejeté.

La commission a présenté, lors de la troisième délibération, une rédaction nouvelle, d'accord avec le gouvernement ; c'est celle qui a été adoptée.

En cas de partage, la voix du président est prépondérante.

Il est tenu procès-verbal des délibérations. Les procès-verbaux font mention du nom des membres présents.

Art. 73. La commission départementale se réunit au moins une fois par mois, aux époques et pour le nombre de jours qu'elle détermine elle-même, sans préjudice du droit qui appartient à son président et au préfet de la convoquer extraordinairement.

Art. 74. Tout membre de la commission départementale qui s'absente des séances pendant deux mois consécutifs, sans excuse légitime admise par la commission, est réputé démissionnaire.

Il est pourvu à son remplacement à la plus prochaine session du conseil général (1).

---

(1) Sur cet article, M. Ganivet à dit :

« Je demanderai à la commission d'indiquer de quelle manière il sera pourvu à la suppléance des membres qui seront empêchés de remplir leurs fonctions. Il importe que cela soit indiqué, car quelles que soient les attributions de cette commission, — elles ne sont pas encore définies ; on ne sait si ce seront des attributions consultatives ou des attributions administratives ;— mais dans un cas comme dans l'autre, l'avis de la commission départementale sera indispensable pour la solution des affaires qui concernent le département, et si je ne me trompe, un des objets principaux de la décentralisation administrative est de hâter la solution de toutes les affaires, de faire disparaître toutes les lenteurs, tous les retards qui résultent habituellement de la centralisation.

« Or, si la commission n'était pas en nombre, on retomberait dans des retards bien autres que ceux qui existent actuellement. Je demanderai donc à la commission de quelle manière on pourvoira au service, de façon que l'avis ou la décision de la commission ne fassent jamais défaut.

« M. Waddington, rapporteur. La solution est très-simple ; elle existe dans l'article 25, qui donne au pouvoir exécutif la faculté de convoquer le conseil général. Je crois que le cas prévu par l'honorable M. Ganivet ne se présentera pas très-souvent...

« M. Ganivet. Il peut très-bien se présenter : il y a les maladies, les voyages.

« M. le rapporteur. Il y sera pourvu par la faculté qui est laissée au chef du pouvoir exécutif, sur la demande du préfet, de convoquer le conseil général extraordinairement, pour pourvoir au remplacement des conseillers qui seraient dans l'impossibilité de remplir leurs fonctions. (Réclamations à gauche.)

« M. Ganivet. Messieurs, le remède qui vient d'être indiqué par M. le rapporteur me semble impraticable. Si, pour obtenir seulement l'avis d'une commission départementale, il faut solliciter un décret du chef du pouvoir exécutif qui autorise la réunion du conseil général, s'il faut attendre que ce conseil soit réuni et que tous les membres soient présents, l'Assemblée reconnaîtra avec moi qu'il y aura là une accumulation de délais qui ne feront que retarder davantage la solution des affaires. (Marques d'approbation sur divers bancs.)

« M. le rapporteur. Pour que le cas signalé par l'honorable préopinant se présente, il faudrait au moins deux membres absents, c'est-à-dire la moitié de la commission, quand elle se composera de quatre membres. Si elle ne se compose que de quatre membres, trois peuvent délibérer ; si elle est de cinq ou six membres, quatre peuvent délibérer ; et comme le conseil général n'est limité que par un maximum et un minimum pour le nombre des membres de commission, dans tous les départements, sauf huit ou dix peut-être, il y aura toujours une marge de deux membres. Évidemment, le cas qu'on a signalé se

Art. 75. Les membres de la commission départementale ne reçoivent pas de traitement (1).

---

présentera très-rarement. Cependant, s'il survenait, le conseil général aurait à nommer de nouveaux membres.

« *M. Ganivet.* C'est à la loi à prévoir les cas qui peuvent se présenter. (Aux voix ! aux voix !)

« *M. le président.* La commission modifie l'article 74 de la manière suivante : — « Tout membre de la commission départementale qui s'absente des séances pendant deux mois consécutifs, sans excuse légitime admise par la commission, est réputé démissionnaire.

« Il est pourvu à son remplacement à la prochaine session du conseil général. »

« Je mets cet article aux voix.

« *M. de Tillancourt.* Je demande la permission de faire une courte observation.

« Je suis mû par des considérations analogues à celles qui viennent d'être développées à propos de l'article 73, en appelant l'attention de la commission sur la rédaction de l'article 74. D'après cet article, quand un membre aura manqué à deux séances de la commission, sans excuse légitime, il sera réputé démissionnaire à partir du jour même de son second manquement. Il en résulte que si, dans l'intervalle des deux sessions du conseil général, il s'écoule six mois, — ce doit être le temps ordinaire, — et que ce soit aux deux premières séances que le manquement ait lieu, une vacance se produira dans les quatre mois suivants. Or, s'il survient des empêchements légitimes parmi les autres commissaires, la commission ne pourra point être complétée. (C'est vrai.)

« Il y a donc lieu de prévenir une difficulté de ce genre.

« Je ne veux pas proposer dans ce but un amendement, mais je crois qu'il serait bon que la commission s'occupât, pour la troisième lecture, de parer à cette éventualité. Elle pourrait, par exemple, demander que la démission ne courût qu'à partir de l'époque de la réunion qui suivra le second manquement du membre de la commission. De cette façon on préviendrait l'une des causes qui pourraient entraver la marche de la commission permanente, laquelle est l'innovation capitale du projet dont nous nous occupons. (Approbation sur plusieurs bancs.)

« *M. Baze.* Je voulais faire remarquer que les démissions tacites n'opèrent pas de plein droit ; elles n'existent légalement que quand leur cause a été reconnue ; c'est alors seulement que le conseiller est réputé démissionnaire. (C'est cela !) »

(1) Le projet de la commission disait : Mais il peut leur être alloué une indemnité dont le chiffre et la forme seront déterminés dans chaque département par le conseil général.

A la deuxième délibération, cette deuxième partie de l'article a été supprimée.

Sur la troisième délibération, trois amendements ont été proposés.

Celui de M. Daumas disait : Les membres de la commission départementale reçoivent un traitement dont le chiffre sera déterminé, dans chaque département, par le conseil général.

MM. Pascal Duprat et Folliet proposaient de remplacer le texte de l'article 75 par les dispositions suivantes :

Il sera alloué à ceux des membres de la commission départementale qui n'habitent pas le chef-lieu, des jetons de présence représentant l'indemnité pour frais de voyage et de séjour nécessités par les séances de la commission.

Par le troisième amendement, M. Charles Rolland reproduisait à peu près la disposition primitive dans les termes suivants :

Toutefois, il peut leur être alloué une indemnité de déplacement dont le

Art. 76. Le préfet ou son représentant assiste aux séances de la commission ; ils sont entendus quand ils le demandent.

Les chefs de service des administrations publiques dans le département sont tenus de fournir, verbalement ou par écrit, tous les renseignements qui leur seraient réclamés par la commission départementale, sur les affaires placées dans ses attributions.

Art. 77. La commission départementale règle les affaires qui lui sont renvoyées par le conseil général, dans les limites de la délégation qui lui est faite (1).

Elle délibère sur toutes les questions qui lui sont déférées par la loi, et elle donne son avis au préfet sur toutes les questions qu'il lui soumet ou sur lesquelles elle croit devoir appeler son attention dans l'intérêt du département (2).

Art. 78. Le préfet est tenu d'adresser à la commission départementale, au commencement de chaque mois, l'état détaillé des ordonnances de délégation qu'il a reçues et des mandats de paiement qu'il a délivrés pendant le mois précédent, concernant le budget départemental.

La même obligation existe pour les ingénieurs en chef, sous-ordonnateurs délégués (3).

---

chiffre et la convenance seront établis par le conseil général après délibération et par vote au scrutin secret.

De ces trois amendemenrs, le premier et le second n'ont pas été pris en considération.

Le troisième, pris en considération à la séance du 9 août 1871, a été rejeté à celle du 10, quoiqu'il eût été accepté par la commission.

Il en résulte que les membres du conseil général ne peuvent recevoir ni traitement, ni indemnité de séjour, ni même de déplacement, ni jetons de présence.

Cette disposition est de nature à éloigner du conseil général des hommes dont l'expérience serait d'un grand secours.

(1) « Il appartiendra à chaque conseil général de déterminer les objets pour lesquels il déléguera ses pouvoirs à la commission, soit d'une façon permanente soit dans un but temporaire. Toutefois, parmi ces objets, on peut signaler la nomination de la plupart des agents salariés sur les fonds départementaux, la surveillance générale des services et le soin de régler les détails de certaines mesures que le conseil général aura résolues en principe. » (Rapport.)

(2) Cet article contenait un deuxième paragraphe ainsi conçu :

Elle (la commission) peut, en cas d'urgence, prononcer, sans délégation préalable, sur les affaires qui rentrent dans les attributions du conseil général, à charge de lui en rendre compte à la plus prochaine session.

Cette disposition a été retranchée par la commission.

(3) L'article 78 contenait un premier paragraphe ainsi conçu :

La commission départementale désigne un ou plusieurs de ses membres, aussi souvent qu'elle le juge convenable, et au moins une fois par an, pour vérifier l'état des recettes et des dépenses du département.

M. Maurice a demandé la suppression de ce paragraphe. La commission y ayant adhéré, le paragraphe a été supprimé.

Voici ce que contient le rapport sur cet article 78 :

« Le principe de l'article 78 est emprunté à une disposition de la loi belge, qu'il a fallu mettre en harmonie avec les règles de notre administration financière. On sait, en effet, que les ministres ont seuls le droit d'ordonnancer une dépense, soit sur les fonds de l'Etat, soit sur ceux des départements ; mais comme, généralement, ils ne peuvent ordonnancer directement en faveur de la partie prenante, ils ordonnancent en bloc les sommes qu'ils mettent à la

Art. 79. A l'ouverture de chaque session ordinaire du conseil général, la commission départementale lui fait un rapport sur l'ensemble de ses travaux et lui soumet toutes les propositions qu'elle croit utiles.

A l'ouverture de la session d'août, elle lui présente dans un rapport sommaire ses observations sur le budget proposé par le préfet.

Ces rapports sont imprimés et distribués, à moins que la commission n'en décide autrement (1).

Art. 80. Chaque année, à la session d'août, la commission départementale présente au conseil général le relevé de tous les emprunts communaux et de toutes les contributions extraordinaires communales qui ont été votées depuis la précédente session d'août, avec indication du chiffre total des centimes extraordinaires et des dettes dont chaque commune est grevée (2).

Art. 81. La commission départementale, après avoir entendu l'avis ou les propositions du préfet :

1° Répartit les subventions diverses, portées au budget départemental, et dont le conseil général ne s'est pas réservé la distribution, les fonds provenant des amendes de police correctionnelle et les fonds provenant du rachat des prestations en nature sur les lignes que ces prestations concernent (3) ;

---

disposition d'un certain nombre de hauts fonctionnaires, tels que les préfets, les intendants militaires et les commissaires généraux de la marine. Ceux-ci deviennent ainsi des ordonnateurs secondaires ou délégués, et délivrent des mandats de payements individuels aux créanciers de l'Etat. Par une exception particulière, les ingénieurs en chef des départements sont considérés comme sous-ordonnateurs délégués, c'est-à-dire qu'au lieu de s'adresser au préfet pour les mandats de payement, ils reçoivent de lui une sous-ordonnance de délégation pour les sommes dont ils ont besoin, et les répartissent ensuite eux-mêmes par mandats individuels.

« Il résulte de là que, pour contrôler efficacement l'emploi des ressources du département, pour s'assurer si les dépenses liquides ont été soldées au fur et à mesure que les fonds ont été mis à la disposition du préfet, pour empêcher les retards non motivés et fermer la porte aux tours de faveur, il est nécessaire que la commission départementale reçoive tous les mois un état détaillé des ordonnances de délégation que le préfet a reçues et des mandats de payement qu'il a délivrés. La même obligation est étendue aux ingénieurs en chef. Ces mesures seront une garantie de plus ajoutée à celles qui existent déjà, de la parfaite régularité de la comptabilité départementale, qui doit être à l'abri de toute espèce de soupçon. »

(1) Au lieu des mots : lui fait un rapport sur l'ensemble de ses travaux, il il y avait dans le projet de la commission : lui fait un rapport sur la situation du département.

C'est sur la demande de M. Maurice, et d'accord avec la commission, que la rédaction a été changée.

(2) Cet article contenait un second paragraphe ainsi conçu :

Elle soumet également au conseil général le compte annuel de l'emploi des ressources municipales affectées aux chemins vicinaux de grande communication et d'intérêt commun.

M. Ganivet a demandé la suppression de ce paragraphe. Le compte rendu dont il y est question rentrant exclusivement dans les attributions du préfet, la commission a adhéré à cette suppression, qui a été prononcée.

(3) « L'article 81 donne à la commission certaines attributions qui sont

2° Détermine l'ordre de priorité des travaux à la charge du département, lorsque cet ordre n'a pas été fixé par le conseil général;

3° Fixe l'époque et le mode d'adjudication ou de réalisation des emprunts départementaux, lorsqu'ils n'ont pas été fixés par le conseil général ;

4° Fixe l'époque de l'adjudication des travaux d'utilité départementale.

Art. 82. La commission départementale assigne à chaque membre du conseil général et aux membres des autres conseils électifs le canton pour lequel ils devront siéger dans le conseil de révision (1).

Art. 83. La commission départementale vérifie l'état des archives et celui du mobilier appartenant au département (2).

---

exercées par le préfet, soit de son autorité propre, soit comme mandataire du conseil général dans l'intervalle des sessions. Ainsi, actuellement, le produit des amendes de police correctionnelle est à la disposition absolue du préfet ; les subventions de différente nature que le conseil général inscrit à son budget sont distribuées par le préfet ; il exerce également un pouvoir à peu près discrétionnaire, et dont on a souvent abusé pour la fixation de l'ordre de priorité des travaux à exécuter sur les fonds du département. Enfin, on a réservé à la commission départementale la répartition des fonds de secours spéciaux pour pertes matérielles et événements malheureux, qui seraient alloués au département en vertu de l'article 68 de la loi ; en effet, le conseil général ne pouvait être investi de cette attribution, dont l'exercice est essentiellement intermittent, puisqu'il dépend de causes complétement fortuites. » (Rapport.)

(1) Cet article était ainsi rédigé :

La commission départementale désigne les membres du conseil général ou des autres conseils électifs qui siégent dans le conseil de révision.

C'est sur la demande de M. Chevandier de la Drôme, et d'accord avec la commission, que la rédaction nouvelle a été adoptée.

(2) M. Maurice avait demandé la suppression de cet article, dans les termes suivants :

« Cet article paraît peu important, au premier abord. Je crois cependant qu'il serait utile de le supprimer. Au moment où l'on crée des institutions nouvelles, il ne faut pas les surcharger par des travaux inutiles, et il faut leur éviter les occasions d'exercer une action difficile et désagréable.

« Dans l'état actuel des choses, ce sont deux membres du conseil général qui sont désignés pour le récolement du mobilier départemental et l'inspection des archives. Je crois qu'il vaudrait mieux maintenir cette disposition ; d'abord, parce que vous imposez ici à la commission départementale une besogne qui lui prendra deux jours ; c'est encore trop. Le conseil général, par ses délégués, opère ces récolements pendant la session, sans dérangement pour qui que ce soit.

« En outre, le conseil choisit des hommes spéciaux, notamment pour les archives, et la commission peut ne pas en avoir dans son sein.

« Enfin, une autre considération, c'est que cette commission sera nécessairement en rapports fréquents avec le préfet. Il a été dit à cette tribune, j'espère qu'il n'en sera pas ainsi, mais cela peut arriver, que cette commission de contrôle serait une commission de convives. (Rires et interruptions.)

« Ce sont ces hommes que vous voulez charger de contrôler le mobilier de la préfecture et de signaler au conseil général les défectuosités qui pourraient s'y rencontrer?

« Je crois que vous lui créeriez une situation embarrassante. Il vaut mieux laisser, comme autrefois, le récolement et l'inspection se faire par deux membres du conseil désignés pendant la session. (Très-bien ! — Aux voix ! aux voix !)

« *M. le rapporteur.* Quoique la question ne présente pas une grande im-

Art. 84. La commission départementale peut charger un ou plusieurs de ses membres d'une mission relative à des objets compris dans ses attributions.

Art. 85. En cas de désaccord entre la commission départementale et le préfet, l'affaire peut être renvoyée à la plus prochaine session du conseil général, qui statuera définitivement.

En cas de conflit entre la commission départementale et le préfet, comme aussi dans le cas où la commission aurait outre-passé ses attributions, le conseil général sera immédiatement convoqué conformément aux dispositions de l'article 24 de la présente loi, et statuera sur les faits qui lui auront été soumis.

Le conseil général pourra, s'il le juge convenable, procéder dès lors à la nomination d'une nouvelle commission départementale (1).

Art. 86. La commission départementale prononce, sur l'avis des conseils municipaux, la déclaration de vicinalité, le classement, l'ouverture et le redressement des chemins vicinaux ordinaires, la fixation de la largeur et de la limite desdits chemins.

Elle exerce à cet égard les pouvoirs conférés au préfet par les articles 15 et 16 de la loi du 21 mai 1836.

Elle approuve les abonnements relatifs aux subventions spéciales

---

portance, la commission doit donner les raisons du maintien de cet article, qu'elle n'a pas inséré à la légère dans le projet de loi.

« Vous savez tous, messieurs, comment les choses se passent. Le conseil général désigne tout simplement deux de ses membres, les deux plus jeunes ordinairement. Ces deux membres vont se promener pendant deux heures dans l'hôtel de la préfecture et reviennent en disant qu'ils ont visité le mobilier.

« Il n'y a donc là aucune espèce de responsabilité, de surveillance réelle, et c'est la raison qui nous a engagés à proposer de charger la commission départementale de ce travail. Cette mission est un peu ingrate, je ne le conteste pas ; mais c'est ainsi seulement que vous trouverez une responsabilité réelle, et nous avons vu dans les préfectures des choses très-graves qui en démontrent la nécessité. Vous ne la trouverez que dans la commission départementale ; c'est pour cela que nous vous demandons le maintien de l'article. (Très-bien ! — Aux voix ! aux voix !) »

L'article 84 est mis aux voix et adopté.

(1) M. le rapporteur a dit sur l'art. 85. « L'article 85 règle la marche à suivre en cas de désaccord ou de conflit entre la commission et le préfet. Le conseil général est juge du conflit ; s'il donne tort à la commission, il peut immédiatement en nommer une autre ; si, au contraire, il lui donne raison, il incombera au ministre d'aviser et d'examiner s'il y a lieu d'intervenir ou de changer le préfet. »

Ce droit donné au conseil général en cas de conflit entre la commission départementale et le préfet, ne touche nullement aux recours auxquels peuvent donner lieu, d'après l'art. 88, les décisions prises par les commissions départementales sur les matières spéciales énumérées aux art. 86 et 87, surtout lorsqu'il y aura excès de pouvoir, violation de la loi, ou d'un règlement d'administration publique.

Au cas de l'art. 85 le conseil général statue pour ainsi dire en dehors des intérêts qui peuvent être lésés et entre deux autorités qui ne sont pas d'accord, tandis que au cas spécial prévu par l'art. 88, il s'agit de prononcer sur des intérêts lésés et le conseil général statue comme tribunal supérieur, lorsqu'il n'y a pas lieu de recourir au conseil d'État.

pour la dégradation des chemins vicinaux, conformément au dernier paragraphe de l'article 14 de la même loi (1).

---

(1) Avant cet article 86, qui avait le n° 88, le projet de la commission contenait une disposition ainsi conçue, sous le n° 87 :

« Article 87. La commission départementale exercera désormais les attributions confiées au préfet en conseil de préfecture à l'égard des communes, des établissements de bienfaisance, des fabriques et des consistoires, en ce qui touche les acquisitions, les aliénations, les échanges, les partages, les transactions, les baux, les dons et les legs.

« En ce qui touche les emprunts des hospices, hôpitaux et autres établissements charitables communaux, elle exercera les attributions dont le préfet est investi par l'article 12 de la loi du 24 juillet 1867.

« En ce qui touche l'annulation des délibérations des conseils municipaux et des commissions administratives d'hospices, d'hôpitaux et d'autres établissements charitables, soit d'office, soit sur la réclamation de toute partie intéressée, elle exercera les pouvoirs conférés au préfet par l'article 18 de la loi du 18 juillet 1837, par l'article 6 de la loi du 7 août 1851.

« En ce qui touche le règlement des budgets municipaux, l'inscription d'office des dépenses obligatoires, le refus d'ordonnancer une dépense régulièrement autorisée et liquide, et l'approbation définitive des comptes des maires, pour les communes dont le revenu est inférieur à 100,000 francs, elle exercera les pouvoirs conférés au préfet seul, ou au préfet en conseil de préfecture, par les articles 33, 39, 60 et 61 de la loi du 18 juillet 1837.

En ce qui touche les délibérations des commissions administratives des hospices, hôpitaux et autres établissements charitables qui n'ont pas été mentionnées aux paragraphes précédents, elle exercera les pouvoirs conférés au préfet seul ou au préfet, en conseil de préfecture, par l'article 10 de la loi du 7 août 1851.

« En cas de désaccord entre le maire et le conseil municipal, elle statuera, aux lieu et place du préfet, dans les cas prévus par les articles 1, 3 et 9 de la loi du 24 juillet 1867.

« Elle statuera aux lieu et place du préfet sur les délibérations par lesquelles les conseils municipaux votent, conformément à l'article 5 de la loi du 24 juillet 1867 :

« 1° Les contributions extraordinaires qui dépasseraient 5 centimes sans excéder le maximum fixé par le conseil général, et dont la durée ne serait pas supérieure à douze années ;

« 2° Les emprunts remboursables sur ces mêmes contributions extraordinaires ou sur les revenus ordinaires dans un délai excédant douze années. »

Lors de la deuxième lecture, la commission avait proposé la suppression des §§ 3, 4 et 5.

M. Savoye a demandé la suppression de tout l'article, comme touchant aux attributions des conseils municipaux qui devront prochainement être réglées par une loi nouvelle. Ce n'était pour ainsi dire qu'un ajournement.

D'autres repoussaient même la suppression partielle proposée par la commission et maintenaient la rédaction primitive.

L'Assemblée générale, à cette seconde lecture, a adopté la proposition de la commission.

Mais à la troisième délibération, la commission, par suite sans doute des débats que cet article 87 avait soulevés, a proposé la suppression de l'article tout entier, et elle a été adoptée.

L'article 88, qui a pris dans la loi votée le n° 86, était ainsi rédigé :

« Article 88. La commission départementale prononce, sur l'avis des conseils municipaux :

« 1° La déclaration d'utilité publique des chemins vicinaux ordinaires, sauf le cas prévu par l'article 44 ;

« 2° La déclaration de vicinalité, le classement, l'ouverture et le redresse-

Art. 87. La commission départementale approuve le tarif des évaluations cadastrales, et elle exerce à cet égard les pouvoirs attribués au préfet en conseil de préfecture par la loi du 15 septembre 1807 et le règlement du 15 mars 1827.

Elle nomme les membres des commissions syndicales, dans le cas où il s'agit d'entreprises subventionnées par le département, conformément à l'article 23 de la loi du 21 juin 1865 (1).

Art. 88. Les décisions prises par la commission départementale sur les matières énumérées aux articles 87, 88 et 89 de la présente loi, seront communiquées au préfet en même temps qu'aux conseils municipaux ou autres parties intéressées.

Elles pourront être frappées d'appel devant le conseil général, pour cause d'inopportunité ou de fausse appréciation des faits, soit par le préfet, soit par les conseils municipaux ou par toute autre partie intéressée. L'appel doit être notifié au président de

---

ment des chemins vicinaux ordinaires, la fixation de la largeur et de la limite desdits chemins.

« Elle exerce à cet égard les pouvoirs conférés au préfet par les articles 15 et 16 de la loi du 21 mai 1836.

« En cas de contestation relativement à l'indemnité due pour extraction de matériaux, dépôts ou enlèvements de terres, occupations temporaires de terrains, elle nomme les tiers experts, et exerce à cet égard les pouvoirs attribués au conseil de préfecture par l'article 10 de la loi du 21 mai 1836.

« Elle règle les subventions pour la dégradation des chemins vicinaux, lorsque l'abonnement a été demandé, et elle exerce à cet égard les pouvoirs attribués au préfet en conseil de préfecture par l'article 14 de la loi du 21 mai 1836. »

« M. *le président*. M. Clément propose de remplacer l'article 88 par la disposition suivante, à laquelle adhère la commission.

« La commission départementale prononce, sur l'avis des conseils municipaux, la déclaration de vicinalité, le classement, l'ouverture et le redressement des chemins vicinaux ordinaires, la fixation de la largeur et de la limite desdits chemins. Elle exerce à cet égard les pouvoirs conférés au préfet par les articles 15 et 16 de la loi du 21 mai 1836.

« Elle approuve les abonnements relatifs aux subventions spéciales pour la dégradation des chemins vicinaux, conformément au dernier paragraphe de l'article 14 de la même loi. »

« Je mets aux voix l'amendement de M. Clément, que la commission accepte. »

L'amendement est mis aux voix et adopté.

(1) Sur cet article, qui portait le n° 89 au projet adopté sur la deuxième lecture, M. Annisson Duperron avait demandé une disposition additionnelle ainsi conçue :

Elle nommera les membres des commissions spéciales, chargées, d'après la loi du 16 septembre 1807, de fixer la plus-value en matière de travaux publics.

M. Clément a fait observer que, d'après la loi du 21 juin 1865, les commissions spéciales ayant été supprimées et leurs attributions dévolues aux conseils de préfecture, on ne pouvait donner à la commission départementale la nomination d'une commission qui n'existait plus.

M. Annisson Duperron a insisté en disant que la commission spéciale de la loi de 1807 avait bien perdu ses attributions judiciaires, mais avait conservé ses fonctions d'estimation en matière de plus-value, conformément à l'article 30 de la loi de 1807.

La disposition additionnelle de M. Annisson Duperron n'a pas été adoptée.

(50)

la commission, dans le délai d'un mois, à partir de la communication de la décision. Le conseil général statuera définitivement à sa plus prochaine session.

Elles pourront aussi être déférées au Conseil d'État, statuant au contentieux, pour cause d'excès de pouvoir ou de violation de la loi ou d'un règlement d'administration publique.

Le recours au Conseil d'Etat doit avoir lieu dans le délai de deux mois, à partir de la communication de la décision attaquée. Il peut être formé sans frais, et il est suspensif dans tous les cas (1).

Titre VII. — *Des intérêts communs à plusieurs départements.*

Art. 89. Deux ou plusieurs conseils généraux peuvent provoquer entre eux, par l'entremise de leurs présidents, et après en avoir averti les préfets, une entente sur les objets d'utilité départementale compris dans leurs attributions et qui intéressent à la fois leurs départements respectifs.

Ils peuvent faire des conventions, à l'effet d'entreprendre ou de conserver à frais communs des ouvrages ou des institutions d'utilité commune.

Art. 90. Les questions d'intérêt commun seront débattues dans des conférences, où chaque conseil général sera représenté, soit par sa commission départementale, soit par une commission spéciale nommée à cet effet.

Les préfets des départements intéressés pourront toujours assister à ces conférences.

Les décisions qui y seront prises ne seront exécutoires qu'après avoir été ratifiées par tous les conseils généraux intéressés, et sous les réserves énoncées aux articles 47 et 49 de la présente loi.

Art. 91. Si des questions autres que celles que prévoit l'article 89 étaient mises en discussion, le préfet du département où la conférence a lieu déclarerait la réunion dissoute.

Toute délibération prise après cette déclaration, donnerait lieu à l'application des dispositions et pénalités énoncées à l'article 34 de la présente loi.

---

(1) Cet article 88, dans le projet, formait l'article 90, de sorte que c'était avec raison qu'il mentionnait les articles 87, 88 et 89 ; mais le numérotage des articles ayant changé, et l'article 87 ayant été supprimé, le texte adopté définitivement aurait dû mentionner, à leur place, les articles 86 et 87 indiqués par le nouveau numérotage.

A la suite de cet article, qui portait le n° 90, se trouvait le n° 91, ainsi conçu :

« Article 91. La commission départementale statuera sur les demandes en autorisation de plaider formées par les communes ou sections de commune, les hospices, les hôpitaux, les établissements de bienfaisance, les fabriques et les consistoires. Elle pourra prendre l'avis d'un jurisconsulte.

« Les décisions de la commission pourront être déférées au ministre de l'intérieur par les parties intéressées, dans le délai de deux mois, à partir de la communication de la décision. Elles ne pourront être annulées que par un décret rendu dans la forme des règlements d'administration publique. »

Sur des observations présentées par M. Léon Clément, la commission a proposé la suppression de cet article, lors de la troisième délibération.

L'article a été supprimé.

(51)

Art. 92. Sont et demeurent abrogés les titres premier et second de la loi du 22 juin 1833, le titre premier de la loi du 10 mai 1838, la loi du 18 juillet 1866, et généralement toutes les dispositions de lois ou de règlements contraires à la présente loi.

Art. 93. Les articles 86 et 87 et le deuxième paragraphe de l'article 23 de la présente loi ne seront exécutoires qu'à partir du 1er janvier 1872.

Art. 94. La présente loi n'est pas applicable au département de Seine. Il sera statué à son égard par une loi spéciale (1).

Délibéré en séances publiques, à Versailles, les 28 juin, 25 juillet et 10 août 1871.

LOI

SUR LE CONSEIL GÉNÉRAL DE LA SEINE,

DU 16 SEPTEMBRE 1871.

Art. 1er. Provisoirement, et au plus tard, jusqu'au 31 décembre 1872, le conseil général du département de la Seine sera composé :

Des 80 membres du conseil municipal de Paris; plus de 8 membres élus dans les arrondissements de Sceaux et de Saint-Denis, à raison d'un membre par canton, conformément à la loi du 20 avril 1834.

Art. 2. Les lois des 22 juin 1833, 10 mai 1838 et 18 juillet 1866 sont applicables au département de la Seine, en ce qu'elles n'ont rien de contraire à la présente loi.

La loi du 15 avril 1871 et le titre II de celle du 10 août 1871

---

(1) M. J. Passy avait présenté une proposition relative à l'organisation départementale et municipale de la ville de Paris.

La commission chargée d'examiner cette proposition a appelé dans son sein M. le préfet de la Seine, lequel a déclaré que, dès l'abord, la proposition lui avait paru répondre au mouvement de l'opinion publique, et que dans les combinaisons que cette proposition mettait à l'étude, la plupart avaient son entière approbation ; mais que dans l'état où la guerre civile et la guerre étrangère avaient réduit les services de la ville de Paris, et à la veille des élections et de la réunion du conseil municipal, il lui était impossible de suivre les travaux de la commission, et qu'il souhaitait voir ajourner toute délibération, tout examen, pour ne pas compromettre une question qui, sauf un ou deux points à régler promptement, devait être portée tout entière devant l'Assemblée nationale.

La commission, d'accord avec l'auteur de la proposition, a été d'avis d'ajourner l'examen du projet de loi.

Voyez à la suite la mesure provisoire adoptée pour le conseil général du département de la Seine.

sont applicables au conseil général de la Seine, concernant les conditions de l'électorat et de l'éligibilité.

Le titre II de la loi du 22 juin 1833 est applicable à la tenue des sessions du conseil général de la Seine.

Sont maintenues les dispositions des lois du 10 mai 1838 et 18 juillet 1866, en ce qui regarde les attributions du conseil général de la Seine.

Délibéré en séance publique, à Versailles, le 16 septembre 1871.

— *Décret du 20 septembre 1871.*

Le Président de la République française,

Sur le rapport du ministre de l'intérieur;

Vu les lois des 22 juin 1833, 10 mai 1838 et 16 septembre 1871,

Décrète : Art. 1er. Les conseils d'arrondissement de Sceaux et de Saint-Denis (département de la Seine) se réuniront mercredi 18 octobre 1871 pour la première partie de leur session, qui ne pourra durer plus de trois jours.

Art. 2. La session du conseil général du département de la Seine s'ouvrira le lundi 23 octobre 1871 et sera close, au plus tard, le 6 novembre.

Art. 3. Les conseils d'arrondissement de Saint-Denis et de Sceaux se réuniront le 13 novembre pour la seconde partie de leur session, qui ne pourra durer plus de cinq jours.

Art. 4. Le ministre de l'intérieur est chargé de l'exécution du présent décret.

INSTRUCTIONS

DE M. LE MINISTRE DE L'INTÉRIEUR

SUR LA LOI DÉPARTEMENTALE DU 10 AOUT 1871.

—

Versailles, le 8 octobre 1871.

Monsieur le préfet, la loi du 10 août 1871, dont les conseils généraux vont, pour la première fois, appliquer les dispositions dans leur session prochaine, embrasse deux ordres d'idées. D'une part, reprenant à nouveau les questions résolues par la loi du 22 juin 1833, elles statue sur les divers points relatifs à l'organisation des conseils généraux, à l'ordre et à la tenue des sessions; elle crée la commission départementale, elle définit le rôle du préfet, elle prévoit enfin le cas où deux ou plusieurs conseils généraux auront à se concerter sur des affaires d'intérêt commun. D'autre part, la nouvelle loi énumère et précise les attributions du conseil général et celles de la commission départementale.

Des instructions spéciales devant vous être incessamment transmises au sujet de l'organisation de ces assemblées, je ne m'occuperai ici que des dispositions des titres IV, V et VI relatives aux attributions qui leur sont conférées par la loi. Aussi, sans m'astreindre à l'ordre rigoureux des articles, je diviserai ce travail en deux parties :

Attributions du conseil général;
Attributions de la commission départementale.

§ 1er. — ATTRIBUTIONS DU CONSEIL GÉNÉRAL.

Au point de vue des droits conférés au conseil général et des obligations qui lui sont imposées, un fait important doit tout d'abord être signalé à votre attention. Le titre Ier de la loi du 10 mai 1838 et la loi du 18 juillet 1866, en vertu desquelles l'assemblée délibérait ou statuait sur les affaires du département et, dans une certaine mesure, sur celles des communes, sont formellement abrogés. Vous n'aurez plus à y chercher des règles de conduite ou des solutions de principe. L'Assemblée nationale a emprunté à ces deux lois les dispositions qui lui ont paru devoir être conservées ; elles les a complétées par des éléments nouveaux, et elle a réuni ainsi, dans une loi qui sera désormais votre guide, toutes les règles que les conseils généraux auront à appliquer.

Dans les développements qui vont suivre, je m'attacherai particulièrement à l'étude des innovations que la loi du 10 août introduit dans la législation départementale.

Les articles 37, 38 et 39 du titre IV reproduisent, sauf quelques modifications dans la forme, les dispositions de la loi du 10 mai 1838 sur la répartition de l'impôt. La loi annuelle de finances ayant fixé le principal des contributions directes afférent au département, le conseil général intervient pour déterminer le contingent applicable à chaque arrondissement; il statue sur les demandes en réduction formées par les conseils compétents, qui sont aujourd'hui les conseils d'arrondissement, puisque le titre II de la loi de 1838 n'est point abrogé; il prononce également sur les réclamations des conseils municipaux. Enfin, si le conseil général se séparait sans avoir arrêté la répartition des contributions, vous seriez autorisé à faire vous-mêmes ce travail, d'après les bases adoptées pour l'exercice précédent, sauf à tenir compte des modifications à apporter au contingent en exécution de la loi du budget et des lois spéciales. M. le ministre des finances vous a rappelé, par une circulaire du 21 septembre, la nécessité de lui faire parvenir le tableau du répartement aussitôt qu'il a été arrêté par le conseil général et le double des tableaux du sous-répartement destinés à la direction générale des contributions directes, dès que ces états auront été dressés par les conseils d'arrondissement. Je ne puis que m'associer à ses recommandations.

Les articles 40 et 41 sont relatifs aux ressources que le conseil général est autorisé à inscrire au budget du département.

Le maximum des centimes additionnels, dont les assemblées départementales pourront disposer pour les dépenses ordinaires et pour les dépenses spéciales des chemins vicinaux, de l'instruction primaire et du cadastre, étant fixé chaque année par la loi de finances, le conseil général vote, dans la limite de ce maximum, la quotité de centimes dont il entend doter le budget de l'exercice. Ce vote est indispensable. Sauf le cas de l'imposition d'office, dont il sera parlé plus loin, les agents des contributions directes ne pourraient mettre en recouvrement un impôt que l'assemblée départementale n'aurait point voté.

Aucune modification n'est apportée à la législation actuelle en ce qui concerne les centimes extraordinaires, dont le maximum est également fixé par la loi de finances et dont le conseil général détermine librement l'emploi; mais l'article 40 étend ses attributions en matière d'emprunt. Sous le régime de la loi du 18 juillet 1866, pour qu'un département pût, en dehors de l'autorisation législative, réaliser un emprunt, il fallait que l'opération fût renfermée dans un délai de douze ans. La durée de l'amortissement pourra désormais atteindre une période de quinze années; mais il faudra, comme autrefois, que l'emprunt trouve un gage dans les ressources normales du département. Le service des intérêts et le remboursement peuvent être assurés sur le budget ordinaire aussi bien que sur le budget extraordinaire. Il importe toutefois que le maximum des centimes fixé par la loi de finances ne soit pas dépassé. Si cette limite était franchie ou si l'opération devait durer plus de quinze ans, une loi spéciale serait nécessaire. Vous aurez, dans tous les cas, à me transmettre la délibération par laquelle le conseil général aurait voté un emprunt.

Une circulaire du 23 septembre dernier vous a déjà donné

des instructions au sujet de l'article 42, relatif à la fixation du maximum des centimes extraordinaires que les conseils municipaux pourront être autorisés à voter pour des dépenses d'utilité communale. Je ne reviendrai pas sur ce point.

L'article 43 appelle le conseil général à procéder chaque année, dans un travail d'ensemble qui comprendra toutes les communes, à la révision des sections électorales et à en dresser le tableau : « Cet article a dit le rapporteur du projet de loi, ne fait que rappeler un paragraphe de la loi du 14 avril 1871 sur les élections municipales. Cette loi est provisoire, il est vrai, mais l'intervention du conseil général dans la révision des sections électorales des communes a un caractère permanent et demeurera une de ses attributions les plus précieuses, parce qu'elle est une nouvelle garantie de la sincérité des élections. »

Vous devrez donc, dès la prochaine session, soumettre au conseil général des propositions pour l'établissement des sections dans toutes les communes où cette mesure vous paraîtra justifiée par des nécessités locales.

La délibération du conseil général fixera, avec la limite de chaque section, le nombre de conseillers à élire dans chacune d'elles.

Je vous rappelle que le nombre des conseillers doit être exactement proportionné au chiffre de la population de chaque section, telle qu'elle ressort du dernier dénombrement officiel, et qu'en aucun cas une section ne peut nommer moins de deux conseillers.

La loi du 14 avril 1871 porte que le tableau arrêté par le conseil général sera permanent et servira pour toutes les élections municipales à faire dans l'année.

Cette disposition doit s'entendre des élections qui auront lieu en cas de renouvellement intégral ; car s'il s'agit de vacances partielles, il faudra s'en tenir à la division qui aura servi de base aux précédentes élections générales.

L'article 43 ne s'applique pas, d'ailleurs, aux sections de vote destinées uniquement à faciliter les opérations électorales, et que le préfet demeure libre d'établir conformément aux lois anciennes.

Votre attention a déjà été appelée par la circulaire du 23 septembre sur l'article 44 qui, modifiant la loi du 21 mai 1836, confère au conseil général le droit d'opérer la reconnaissance, de déterminer la largeur et de prescrire l'ouverture et le redressement des chemins vicinaux de grande communication et d'intérêt commun. La même circulaire vous a donné toutes les instructions nécessaires pour l'application de l'article 46, § 7 et 8, et de l'article 86. Ces diverses dispositions, dont l'importance ne vous aura pas échappé, résument tous les changements opérés dans la législation qui régissait le service vicinal. Je ne peux que me référer, à cet égard, à la circulaire du 23 septembre.

Le premier paragraphe de l'article 45 détermine le mode de nomination et de révocation des titulaires des bourses entretenues sur les fonds départementaux dans les écoles normales, les lycées ou colléges, et les établissements d'enseignement libre. C'est à M. le ministre de l'instruction publique qu'il appartient de vous adresser les observations auxquelles cette disposition pourra donner lieu.

Je ne m'occuperai de ce paragraphe que pour examiner avec vous un point que le texte de la loi ne suffirait pas à résoudre. Le législateur n'ayant mentionné que les écoles normales, les lycées ou colléges et les établissements d'enseignement libre, la question a déjà été posée de savoir si, par analogie, ce n'est pas au conseil général qu'il appartient de nommer également les titulaires des bourses que le département entretient dans les écoles des arts et métiers, à l'École centrale des arts et manufactures, à l'école d'Alfort, à l'école d'horlogerie de Cluses, aux écoles de maternité, dans les établissements d'éducation d'aveugles et de sourds-muets, ou dans les autres institutions spéciales. Je n'hésite pas, monsieur le préfet, à me prononcer pour l'affirmative. La pensée des auteurs de la loi se précise par la lecture du rapport de la commission chargée d'examiner le projet. « Aux termes de l'article 45, dit le rapporteur, le conseil général nomme et révoque les titulaires des bourses entretenues sur les fonds départementaux. » Vous appliquerez désormais ce principe au recrutement des écoles dont il vient d'être parlé et vous soumettrez à l'assemblée départementale la liste des candidats. Ce mode de nomination était d'ailleurs déjà employé dans la plupart des départements pour la désignation des élèves peintres, sculpteurs ou musiciens auxquels le conseil général allouait une subvention pendant la durée de leurs études.

Les mêmes considérations ont dicté le dernier paragraphe de l'article 45. Puisque c'est au conseil général qu'il appartient de régler l'emploi des deniers départementaux, il doit intervenir d'une manière efficace dans le choix des agents rétribués sur les fonds du budget. La loi ne dit point que le conseil nommera lui-même les fonctionnaires ; après discussion, le droit de nomination directe a été maintenu au préfet ; mais elle appelle le conseil général à déterminer « les conditions auxquelles seront tenus de satisfaire les candidats aux fonctions rétribuées *exclusivement* sur les fonds départementaux et les règles des concours d'après lesquelles les nominations devront être faites ».

Le principe du concours a déjà été appliqué dans plusieurs départements pour le recrutement des agents attachés au service vicinal. Le conseil général examinera si le même système doit être mis en usage pour le choix de l'architecte du département. Il réglera les conditions du concours et désignera, s'il lui convient de le faire, les membres du jury d'examen. Quoi qu'il en soit, les instructions qui avaient été adressées aux préfets, au sujet de l'application du décret du 25 mars 1852, et aux termes desquelles une sorte de préférence devait être donnée aux architectes munis d'un diplôme de l'École des beaux-arts, n'ont plus aujourd'hui un caractère obligatoire. Elles demeurent seulement à l'état de conseil et de recommandation. Cette partie du service, qui intéresse à un si haut degré le bon emploi des finances du département, est remise en entier à la libre décision du conseil général (1).

Aux règles et aux garanties nouvelles dont elle fait précéder la nomination des fonctionnaires exclusivement rétribués sur les fonds du budget départemental, la loi du 10 août n'a fait qu'une exception. Pour le choix des archivistes, elle n'a pas voulu priver les élèves de l'École des chartes du droit de préférence qui leur a été accordé par la législation antérieure et qui leur semble d'ailleurs si justement acquis par la spécialité de leurs études. Aux termes de la disposition finale de l'article 45, les droits des archivistes paléographes sont maintenus « tels qu'ils sont réglés par l'ordonnance de 1833 ».

Cette date, monsieur le préfet, ne doit pas être pour vous l'occasion d'un doute ou l'objet d'une recherche inutile. Il résulte clairement de la discussion à laquelle ce paragraphe a donné lieu, que l'Assemblée nationale a voulu réserver aux archivistes paléographes le bénéfice de la situation exceptionnelle qui leur a été faite par le décret du 4 février 1850. L'article 1er de ce décret, dont le texte fut invoqué par l'auteur de l'amendement qui a prévalu, mais

---

(1) Il est bien entendu que le paragraphe final de l'article 45 ne peut s'appliquer ni aux employés des préfectures, ni à ceux des sous-préfectures, puisque les uns et les autres sont rétribués sur les fonds du Trésor.

dont la date fut perdue de vue lors de la rédaction définitive de l'article 45, est conçu ainsi qu'il suit : « A l'avenir, les archivistes départementaux devront être choisis parmi les élèves de l'École des chartes et, à défaut, parmi les personnes qui auront reçu un certificat d'aptitude délivré après examen par une commission que le ministre de l'intérieur sera chargé d'organiser. » Deux circulaires, dont les dispositions vous sont connues (15 avril 1852 et 30 avril 1867) pourront, s'il y a lieu, être remises sous les yeux du conseil général qui, je le répète, devra, pour la désignation de l'archiviste, tenir compte du décret du 4 février 1850.

Au point de vue des attributions du conseil général, l'article 46 apparaît comme l'article le plus important de la loi du 10 août. Il énumère les objets sur lesquels l'assemblée départementale statue définitivement. Cette nomenclature étant empruntée en partie à l'article 1er de la loi du 18 juillet 1866, je n'appellerai votre attention que sur les attributions nouvelles de l'assemblée et sur celles qui, lui ayant déjà été conférées, pourront être exercées plus librement encore.

Aucune modification importante n'est apportée aux droits du conseil général en ce qui concerne les acquisitions, les aliénations, les échanges, la gestion des propriétés départementales, les baux à loyer, le changement de destination des édifices affectés aux services départementaux. Vous remarquerez toutefois que les écoles normales ont été ajoutées (paragraphe 4) à la liste des bâtiments dont il n'appartient pas au conseil général de modifier la destination ou d'opérer la vente par un simple vote. Cette réserve se justifie d'autant plus que, pour la plupart, les écoles normales ne sont pas la propriété du département.

Sous le régime de la loi du 18 juillet 1866, deux conditions étaient requises pour qu'il fût loisible au conseil général de statuer définitivement sur l'acceptation ou le refus des dons et legs. Il fallait, d'une part, que la libéralité n'eût point donné lieu à réclamation, d'autre part qu'elle n'impliquât pour le département aucune charge ou affectation immobilière. La première restriction est maintenue, la seconde disparaît. Tous les legs, toutes les donations qui n'ont pas fait l'objet d'une réclamation de la part des familles ou des intéressés peuvent être acceptés ou refusés par une délibération souveraine du conseil général.

Cette disposition, monsieur le préfet, se complète par l'article 53. Dans le cas où l'assemblée départementale a statué définitivement ou lorsque la décision du Gouvernement est intervenue, il vous appartient de dresser l'acte qui constate l'acceptation ou le refus de la libéralité. Vous pouvez toujours, à titre conservatoire, accepter les dons et legs; mais le conseil général devra, lors de sa prochaine réunion, être mis en mesure de faire connaître ses résolutions.

En ce qui concerne le service des routes départementales (paragraphes 6 et 8), le droit du conseil général, déjà élargi par la loi du 18 juillet 1866, reçoit une extension nouvelle. L'assemblée ne pouvait statuer définitivement que sur les routes dont le tracé ne se prolonge pas sur le territoire d'un département voisin. Cette condition n'est plus exigée. Que les routes soient comprises en entier dans le département, ou qu'elles en dépassent les limites, le conseil général statue à son gré sur le classement, le déclassement ou le changement de direction. Mais il demeure entendu que lorsque l'exécution de l'entreprise nécessite l'acquisition de terrains par voie d'expropriation, la déclaration d'utilité publique doit, comme autrefois, être prononcée par un décret. Lors de la discussion de la loi du 10 août, la question fut agitée de savoir s'il ne convenait pas de confier aux conseils généraux le droit de déclarer eux-mêmes l'utilité des entreprises dont ils avaient voté l'exécution. Cette proposition a été écartée : la loi du 3 mai 1841 est maintenue.

J'ajoute, monsieur le préfet, qu'en ce qui touche le service des routes départementales, la circulaire de M. le ministre des travaux publics, en date du 4 août 1866, pourra encore être utilement consultée.

Quel est, en effet, sur cette matière, le sens de la loi du 10 août? Le législateur, tout en faisant disparaître les restrictions formulées par la loi de 1866, a voulu que le classement, le déclassement, la rectification des routes fussent résolus par une délibération du conseil général, au lieu d'être subordonnés, comme par le passé, à un décret rendu en Conseil d'État. C'est, à vrai dire, un changement de juridiction. Mais la loi n'a pas entendu supprimer l'instruction et la procédure préalables dans lesquels les intérêts des particuliers, des communes, et même des départements limitrophes, trouvent une protection et une garantie. La loi du 20 mars 1835, qui exige que le classement d'une route nouvelle soit précédé d'une enquête, demeure en vigueur, et, par analogie, on ne comprendrait pas qu'une ligne fût classée sans que les intéressés eussent été appelés à produire leurs réclamations. Pour toutes ces opérations, qui touchent de si près aux développements de l'agriculture, du commerce et de l'industrie, l'enquête n'est pas une formalité vaine : c'est un appel aux populations qui, ayant en définitive à supporter la dépense, ont assurément le droit de donner leur avis sur l'utilité des entreprises projetées.

Quant aux routes qui intéressent à la fois plusieurs départements, les articles 89 et 90 de la loi du 10 août autorisent les conseils généraux à se concerter, par l'entremise de leurs présidents ou dans des conférences, pour examiner les questions qui réclament une entente commune. C'est ainsi que seront résolues les difficultés qui pourraient se produire au sujet du classement ou du changement de direction des lignes dont la conservation importe à plusieurs départements.

Vous savez, monsieur le préfet, que la loi du 18 juillet 1866 avait réservé aux ingénieurs des ponts et chaussées la construction et l'entretien des routes départementales. C'est encore là une des restrictions que supprime la loi du 10 août. La disposition finale du paragraphe 6 laisse au conseil général le soin de statuer sur la désignation du service auquel devront être confiées la direction et la surveillance des travaux des routes. Je n'ai pas de règle de conduite à vous tracer à cet égard, mais il est essentiel que les décisions sur cette matière, qui, vous ne l'ignorez pas, a divisé les meilleurs esprits, soient mûrement étudiées, et qu'au moyen des documents que vous aurez à lui fournir, le conseil général soit mis en mesure de se prononcer, avec une complète connaissance des faits et des chiffres, sur la grave question dont la solution lui appartient désormais.

Aux termes du paragraphe 12, le conseil général statue définitivement sur la direction des chemins de fer d'intérêt local, le mode et les conditions de la construction de ces lignes, les dispositions et les traités destinés à en assurer l'exploitation. Ce paragraphe n'a point pour effet d'abroger la loi spéciale du 12 juillet 1865. Il est douteux qu'un chemin de fer d'intérêt local puisse être établi sans qu'il soit nécessaire d'acquérir des terrains par voie d'expropriation : l'entreprise devra donc être déclarée d'utilité publique, et, à ce point de vue, il sera indispensable de recourir à un décret. En outre, comme l'Etat intervient dans l'opération par une subvention fixée au quart, au tiers ou à la moitié de la dépense, suivant le produit du centime dans le département, le Gouvernement aura toujours le droit d'examiner le contrat de concession et les conditions du cahier des charges, et, par suite, de refuser son adhésion.

Les dispositions du paragraphe 12 ne sauraient donc être appliquées que dans des cas exceptionnels et qu'autant que le conseil général, renonçant à toute subvention de l'Etat, ouvrirait la voie ferrée sur des terrains dont la cession aurait été opérée à l'amiable.

Le paragraphe 13 confère au conseil général le droit de statuer sur l'établissement et l'entretien des bacs et passages d'eau desservant les routes et chemins à la charge du département, ainsi que sur la fixation des tarifs de péage.

Je vous ai fait observer, dans ma circulaire du 29 septembre relative à la préparation du budget de 1872, que la remise au département d'une partie d'un service qui ressortissait autrefois au ministère des travaux publics pour l'entretien et l'établissement des passages d'eau, et au ministère des finances pour la fixation des tarifs, ajoutait au budget une dépense et une recette. La création de nouveaux bacs, l'entretien de ceux qui existent déjà incombent au département, qui, en même temps, aura à inscrire parmi les produits éventuels ordinaires (art. 58, § 6 de la loi) le montant des fermages et des redevances à payer par les concessionnaires des péages. Les bacs auxquels la loi se réfère sont ceux qui font suite à des routes départementales et à des chemins à la charge du département, c'est-à-dire les chemins de grande communication et d'intérêt commun. La législation antérieure est maintenue en ce qui concerne les passages d'eau desservant des chemins ordinaires à la charge des communes.

Pour l'établissement et l'entretien des bacs, de même que pour la fixation des tarifs, l'innovation consacrée par la loi du 10 août se résume en ce point que le conseil général statuera désormais d'une manière définitive sur des mesures qui étaient soumises à l'approbation du pouvoir exécutif. Mais ce qui a été dit plus haut au sujet des routes départementales pourrait être reproduit ici. Les lois du 6 frimaire an VII et du 14 floréal an X, celle du 3 mai 1841, sur l'expropriation pour cause d'utilité publique, ne sont modifiées qu'en ce qu'elles auraient de contraire aux dispositions nouvelles. Les ministres des travaux publics et des finances ne manqueront pas, d'ailleurs, de vous adresser sur ce service des instructions plus complètes.

(62)

Une modification qui doit vous être signalée est apportée par le paragraphe 15 aux règles tracées par les lois du 10 mai 1838 et du 18 juillet 1866, en ce qui concerne les actions à intenter ou à soutenir au nom du département. Dans les cas d'urgence, vous aviez qualité pour engager l'action ou pour y défendre. Ce droit vous est enlevé, avec la responsabilité qui y était attachée. C'est à la commission départementale qu'il appartient désormais de statuer pendant l'intervalle des sessions du conseil général. A cet égard le législateur a complété sa pensée dans l'article 54 de la loi. Lorsque le conseil général aura pris une décision au sujet d'une affaire litigieuse, vous devrez engager le procès, mais, lorsqu'il s'agira de défendre à une action intentée contre le département, vous aurez à prendre l'avis de la commission départementale. Le rapprochement du paragraphe 15 et de l'article 54 semble indiquer que, si la commission doit toujours intervenir dans les cas urgents, elle n'intervient dans les autres circonstances que lorsqu'il s'agira de défendre à une action.

La loi nouvelle ne fait que reproduire, quant au service des aliénés, les dispositions de la loi du 18 juillet 1866; le conseil général aura donc, soit à régler les budgets et les comptes de l'asile, si cet établissement est une propriété départementale (1), soit à traiter avec un autre établissement ou un département voisin pour le placement de ses malades.

La dépense conserve le caractère départemental que lui a imprimé la loi du 30 juin 1838, et c'est au conseil général à déterminer la part que devront supporter les communes dans les frais d'entretien de leurs aliénés indigents, conformément aux prescriptions de l'article 28 de ladite loi.

Il sera utile que, pour la fixation de ce concours, comme pour le contingent communal affecté aux dépenses des enfants assistés, l'assemblée départementale consulte les circulaires des 3 et 21 août 1839, 3 et 5 août 1840.

En ce qui concerne ce dernier service, la loi du 10 août ne contient aucune innovation. Les dispositions bienveillantes de la loi du 5 mai 1869 demeurent entières.

Cette loi, vous le savez, a eu pour but spécial d'exonérer les hospices dépositaires des charges considérables que

____

(1) Dans certains départements, les asiles ont une origine et une existence indépendantes des départements; ces établissements sont alors placés sous l'autorité directe du ministre de l'intérieur.

leur imposait l'entretien des enfants assistés ; elle a réduit
en même temps les sacrifices du budget départemental,
puisque aujourd'hui l'Etat subvient seul aux frais de l'inspection, dont il a réorganisé le personnel et élargi les cadres, tout en s'efforçant d'améliorer la situation des fonctionnaires. Vous devrez donc vous reporter aux dispositions
de la circulaire du 3 août 1869, qui contient des instructions précises et détaillées sur toutes les parties de cet important service.

Le paragraphe 21 de l'article 46 confère aux conseils
généraux le droit de statuer définitivement « sur l'établissement et l'organisation des caisses des retraites ou de tout
autre mode de rémunération en faveur des employés des
préfectures et des sous-préfectures et des agents salariés
sur les fonds départementaux ». Quelques explications sont
ici nécessaires.

D'après une disposition commune à tous les règlements
locaux, les pensions départementales sont réglées aujour-
d'hui, comme les pensions à la charge du Trésor, par un
décret du chef du pouvoir exécutif rendu sur l'avis du
Conseil d'Etat.

Les conseils généraux peuvent évidemment, s'ils le ju-
gent opportun, modifier aujourd'hui cette partie des statuts, mais tant que les règlements actuels subsisteront, la
même procédure devra être suivie, et vous continuerez à
m'adresser, avec l'avis du conseil général, les projets de
liquidation.

En abandonnant, sans réserve, aux assemblées départementales la direction d'institutions de prévoyance dont
les sociétaires sont presque tous rétribués sur les fonds de
l'Etat, le législateur assurément n'a pas trop présumé de
l'esprit de sagesse et de bienveillance de ces assemblées.
On ne doit pas oublier, en effet, que c'est grâce à leur gé-
néreux concours que les caisses départementales ont pu
se constituer et prospérer.

Je crois cependant utile de vous rappeler, monsieur le
préfet que le conseil général ne saurait user avec trop de
circonspection du droit qui lui est accordé de modifier les
statuts actuellement en vigueur. Ces statuts forment entre
l'administration et les associés une sorte de contrat dont
les conditions ne pourraient le plus souvent être altérées
sans léser des droits acquis.

Sans doute quelques règlements de date ancienne sont
susceptibles de recevoir d'utiles améliorations indiquées
par l'expérience. Le Gouvernement applaudira également

aux modifications qui auraient pour but d'adoucir ce que certaines des dispositions des statuts primitifs peuvent avoir de trop rigoureux soit pour les employés, soit pour leurs veuves ; mais tous ces remaniements devront être étudiés avec soin et appliqués avec prudence.

Les conseils généraux qui voudraient entreprendre ce travail de révision devraient consulter surtout la loi du 9 juin 1853, sur les pensions civiles de l'Etat, et le décret du 4 juillet 1806, qui régissait autrefois les pensions du ministère de l'intérieur. C'est à ces deux types que le Conseil d'Etat s'efforçait de ramener autant que possible les statuts des caisses départementales.

Ainsi que je vous l'ai fait observer dans ma circulaire du 23 septembre dernier, le paragraphe 25 attribue au conseil général un droit qui, d'après la loi du 24 juillet 1867, appartenait précédemment au préfet. A l'avenir, l'assemblée départementale statuera définitivement sur les délibérations des conseils municipaux ayant pour but la prorogation des taxes additionnelles d'octroi actuellement existantes ou l'augmentation des taxes principales au delà d'un décime, le tout dans les limites du maximum des droits et de la nomenclature des objets fixés par le tarif général. Quant aux surtaxes d'octroi sur les boissons, je vous rappelle qu'elles ne peuvent être établies, prorogées ou modifiées qu'en vertu d'une loi.

Le paragraphe 26 transfère au conseil général le droit qui, d'après la loi du 24 juillet 1867, appartenait au préfet, sur l'avis conforme des conseils généraux, de modifier la circonscription des communes d'un même canton et de désigner leurs chefs-lieux lorsqu'il y a accord entre les conseils municipaux. Mais si l'autorité qui statue est changée, il n'est rien innové ni en ce qui concerne les règles établies par la loi du 18 juillet 1837, pour l'instruction de ces affaires, ni en ce qui concerne les limites de la compétence de l'autorité locale. Les instructions que mon prédécesseur a adressées aux préfets, le 3 août 1867, pour l'application de la loi du 24 juillet précédent devront donc servir aujourd'hui de règles aux conseils généraux.

Lorsque le conseil général ne statue pas définitivement, soit qu'il y ait réclamation, soit que le changement projeté modifie les limites d'un canton ou d'un arrondissement, il est appelé à donner son avis conformément à l'article 50, paragraphe 1er de la loi du 10 août.

L'article 47 prévoit le cas où une délibération par laquelle le conseil général a statué définitivement peut être annulée pour excès de pouvoir, ou pour violation d'une disposition de la loi ou d'un règlement d'administration publique.

Les règles que cet article trace à ce sujet diffèrent sensiblement de celles que la loi de 1866 avait déterminées dans le même cas.

C'est à vous, monsieur le préfet, qu'incombe essentiellement le soin de provoquer, s'il y a lieu, l'annulation d'une délibération.

Un délai de vingt jours, à partir de la clôture de la session, vous est accordé pour former votre recours, que vous m'adresserez avec un rapport spécial et toutes les pièces à l'appui. Vous aurez en même temps à notifier ce recours au président du conseil général et au président de la commission départementale.

C'est à partir de cette notification que court le délai de deux mois pendant lequel le Gouvernement peut, par un décret rendu en Conseil d'Etat, annuler la délibération attaquée. Si, à l'expiration de ce délai, l'annulation n'a pas été prononcée, la délibération devient exécutoire.

Vous aurez soin de me transmettre, aussitôt après la clôture de la session, toutes les délibérations que le conseil général aura prises sur les matières énumérées à l'article 46 et dont la régularité vous semblerait douteuse.

Indépendamment des délibérations qu'il y aurait lieu d'annuler pour excès de pouvoir ou violation de la loi, il en est d'autres dont l'exécution pourrait être suspendue par un décret. Ici, un délai de trois mois est laissé au Gouvernement pour prendre une décision; si le décret de suspension n'est pas rendu dans ce délai, la délibération est exécutoire. Or, les matières désignées dans l'article 48 présentent, pour la plupart, un intérêt considérable, en ce sens qu'elles ne se rapportent pas exclusivement au département. Elles ont pour objet l'acquisition, l'aliénation et l'échange des propriétés départementales affectées aux services les plus importants, le changement de destination des bâtiments qu'ils occupent, les dépenses dont une partie devrait être supportée par l'Etat, les taxes d'octroi, et enfin toutes les autres affaires d'intérêt départemental sur lesquelles le conseil général aurait pu être appelé à émettre un vote.

Vous comprenez, monsieur le préfet, que des délibérations intervenues sur des matières si complexes et si nombreuses doivent donner lieu à un scrupuleux examen. Vous aurez donc à me signaler d'une manière toute spéciale celles de ces délibérations dont l'exécution vous paraîtrait devoir être suspendue.

L'article 49 apporte d'ailleurs une modification aux principes qui, jusqu'à présent, avaient servi de règle à l'administration centrale. Lorsque, sous le régime de la loi du 18 juillet 1866, le conseil général avait voté l'aliénation, l'échange ou le changement de destination d'un édifice affecté à l'un des services sur lesquels il n'avait pas qualité pour statuer définitivement, sa délibération devait être sanctionnée par un décret rendu en Conseil d'Etat. C'est alors seulement qu'elle devenait exécutoire. Désormais, le but pourra être atteint sans qu'un décret soit nécessaire. Il me suffira, après avoir examiné la délibération que vous m'aurez transmise, de m'abstenir d'en provoquer la suspension dans le délai de trois mois fixé par l'article 49. Ce moyen, qui équivaut à une approbation tacite, est indiqué à la fois par le texte de la loi et par le commentaire dont le rapporteur l'a accompagnée.

Je n'ai pas besoin de vous faire observer que, malgré les termes, peut-être trop affirmatifs de l'article 49, la vente d'un bâtiment affecté au service de l'école normale ne pourra que bien rarement être opérée sur le simple vote du conseil général. J'ai déjà dit que, d'ordinaire, ces édifices n'appartiennent pas au département. M. le ministre de l'instruction publique, à qui la gestion de ces établissements est confiée, devra toujours être consulté.

A propos de la disposition finale de l'article 51, qui, en interdisant à l'assemblée départementale d'émettre des vœux politiques, l'autorise néanmoins à formuler des vœux « sur toutes les questions économiques et d'administration générale », je me bornerai à vous rappeler qu'à la suite d'une longue discussion, la portée de ce paragraphe a été précisée dans les termes suivants par un des membres de la commission chargée de l'examen du projet de loi : « Nous demandons que le conseil général puisse s'expliquer, comme il l'a fait de tout temps, sur les questions de législation générale, d'administration générale, d'économie politique, parce que ce sont là les vrais intérêts dont le conseil général est l'organe naturel. Mais quant au domaine politique, la commission vous demande de l'interdire aux conseils généraux. » C'est sur cette déclaration que l'art. 51 fut voté.

Ces principes, monsieur le préfet, devront vous servir de règle si le conseil général était appelé à émettre un vœu politique. La loi a d'ailleurs prévu le cas où de pareils excès de pouvoir viendraient à se produire.

L'article 33 est ainsi conçu : « Tout acte et toute délibération d'un conseil général relatifs à des objets qui ne sont pas légalement compris dans ses attributions sont nuls et de nul effet. La nullité est prononcée par un décret rendu dans la forme des règlements d'administration publique. »

Les articles 57 et suivants, relatifs au budget départemental, reproduisent, sauf quelques modifications de détail, les dispositions de la loi du 18 juillet 1866.

Le budget que vous avez à soumettre au conseil général et que vous devez communiquer, au préalable, à la commission départementale, conserve sa forme et sa division actuelles : il comprend un budget ordinaire et un budget extraordinaire.

Des recettes distinctes s'inscrivent à chacun de ces budgets.

Les ressources ordinaires sont, à peu de chose près, celles-là mêmes que la loi de 1866 avait prévues ; la loi du 10 août n'y ajoute que deux produits éventuels nouveaux : le montant des droits afférents aux bacs et passages d'eau sur les routes et chemins à la charge du département, et les contingents applicables au service des aliénés. Dans la circulaire du 29 septembre relative à la préparation du budget de 1872, je vous ai donné, au sujet de ces recettes, quelques éclaircissements que je crois inutile de reproduire ici. Le cadre du budget a d'ailleurs été mis en harmonie avec les nouvelles dispositions législatives.

Une modification importante est apportée par le paragraphe 7 de l'article 58 au mode de répartition du fonds de subvention applicable aux dépenses départementales. Ce fonds, qui était distribué autrefois par décret rendu en Conseil d'Etat, sera désormais réparti par l'Assemblée nationale elle-même, conformément à un tableau annexé à la loi de finances. La destination de ce crédit est, en outre, précisée ; il est exclusivement réservé aux départements qui, en raison de leur situation financière, doivent recevoir une allocation sur les fonds généraux de l'Etat.

Enfin, tandis que la loi du 18 juillet 1866, engageant imprudemment l'avenir, avait fixé à 4 millions de francs l'importance du fonds de subvention, celle du 10 août laisse à la loi de finances le soin d'en déterminer chaque année la quotité. Il est donc permis d'espérer que, lorsque, sous l'influence de circonstances meilleures, l'Etat aura à pourvoir à de moins lourdes charges, le fonds de subvention pourra venir en aide aux départements dans une plus large mesure.

Aucune nouvelle recette n'est ajoutée à la dotation actuelle du budget extraordinaire ; mais le produit des biens aliénés se trouvant compris dans les ressources énumérées par l'article 59, le législateur a cru devoir, à ce propos, résoudre par un texte formel une question longtemps douteuse. Des départements ayant opéré la vente de portions de terrains provenant du sol des routes impériales de troisième classe, dont le décret du 16 décembre 1811 avait mis l'entretien à leur charge, l'administration hésita sur le point de savoir si le produit de ces aliénations devait être versé au Trésor ou dans la caisse du département. Bien que le Conseil d'Etat eût décidé que le sol de ces anciennes routes n'avait pas cessé d'appartenir au domaine (arrêts des 27 août 1834 et 9 août 1836), M. le ministre des finances conservait quelques doutes sur l'étendue d'un droit que la jurisprudence semblait lui reconnaître, mais qui ne pouvait s'exercer qu'au préjudice des départements. Cette difficulté est désormais résolue : le sol des routes désignées par le décret de 1811 est compris dans les propriétés départementales ; en cas d'aliénation, le montant de la vente figurera parmi les produits éventuels extraordinaires.

Dans la rédaction des articles 60 et 61, relatifs aux dépenses du budget ordinaire, l'Assemblée nationale s'est attachée à améliorer et à compléter le texte de la loi de 1866.

Préoccupés de la pensée de supprimer le fonds commun et désireux, d'ailleurs, de laisser plus de liberté au conseil général pour l'emploi des ressources départementales, les auteurs de cette loi avaient restreint dans les plus étroites limites le nombre des dépenses obligatoires, c'est-à-dire des dépenses qui peuvent être inscrites d'office au budget. Divers services, qui présentent cependant une utilité évidente et dont la marche régulière importe à l'intérêt général, avaient été omis ou volontairement écartés. Le législateur de 1871 a voulu combler ces lacunes. Il a ajouté à la nomenclature des dépenses obligatoires :

1° Le mobilier des hôtels de préfecture et de sous-préfecture ;

2° Le loyer, l'entretien et le mobilier du local nécessaire à la réunion du conseil départemental d'instruction publique et du bureau de l'inspecteur d'académie ;

3° L'entretien des Cours d'assises, des tribunaux civils et des tribunaux de commerce ;

4° Les frais d'impression et de publication des listes pour les élections consulaires et les frais d'impression des cadres pour la formation des listes électorales et des listes du jury (1).

Ainsi, monsieur le préfet, le service du mobilier qui, sous l'empire de la loi du 18 juillet 1866, était obligatoire en ce qui concerne les tribunaux, facultatif pour les hôtels de préfecture et de sous-préfecture, redevient tout entier obligatoire. Mais il ne résulte pas nécessairement de cette modification que vous deviez considérer comme remises en vigueur les dispositions de l'ordonnance du 7 août 1841, sur le mobilier des préfectures, et celles des décrets des 28 mars et 8 août 1852, sur l'ameublement des sous-préfectures. On ne saurait songer à faire revivre cette ancienne réglementation. Il n'y a pas lieu de fixer par des décisions du pouvoir exécutif un maximum de valeur que les mobiliers de ces hôtels ne pourraient dépasser, de limiter au vingtième de cette valeur l'allocation annuelle applicable à l'entretien, en un mot, de rétablir au sujet de ce service un rigoureux système de centralisation, qui serait la négation de l'esprit nouveau dont la loi du 10 août s'est inspirée. Vous pourrez toutefois consulter, à titre de documents, l'ordonnance et le décret dont je viens de rappeler la date, ainsi que les circulaires qui en ont expliqué les dispositions.

Mais je ne pense pas que l'obligation imposée au département puisse être précisée par un chiffre dont l'autorité supérieure aurait, comme sous le régime de la loi de 1838, à déterminer l'importance. Le budget départemental doit assurer l'ameublement des hôtels de préfecture et de sous-préfecture, de même qu'il doit payer l'entretien ou le loyer de ces hôtels : c'est, à vrai dire, au conseil général qu'il appartient de se rendre compte des besoins du service et de pourvoir aux nécessités qui lui auront été démontrées. La plus stricte économie doit d'ailleurs présider aux dépenses de cette nature. Bien que la loi du 18 juillet 1866 soit abrogée et que le service du mobilier dont il s'agit ait cessé d'être facultatif, le Gouvernement est résolu à intervenir le moins possible dans l'administration de cette partie de la fortune départementale. Le conseil général sera le premier à recon-

---

(1) Ce paragraphe est emprunté à la loi du 7 août 1850. Il n'a cependant pas reproduit la disposition particulière qui comprenait les frais d'impression des cartes d'électeurs au nombre des dépenses départementales obligatoires. La commission législative a jugé plus équitable de laisser ces frais à la charge des communes pour les élections municipales. Pour toutes les autres élections, la dépense sera prélevée sur les crédits affectés par le budget départemental aux frais d'impressions diverses.

naître que, pour assurer la conservation du mobilier, il est indispensable de dresser des inventaires réguliers, et d'en opérer le récolement à des époques périodiques et à chaque mutation de fonctionnaire. Le conseil génér:l fera connaître ses résolutions sur l'organisation de ce service, et la commission départementale aura à en surveiller l'exécution : c'est en effet à cette commission qu'il appartient désormais, d'après l'article 83, « de vérifier l'état du mobilier appartenant au département ».

Parmi les ressources applicables aux dépenses du budget ordinaire, l'article 60 fait figurer le produit des centimes spéciaux à réaliser en vertu des lois du 15 mars 1850 et du 10 avril 1867 pour le service de l'enseignement primaire.

Vous savez que, d'après l'article 8 de la loi du 18 juillet 1866, les départements qui, pour assurer ce service, n'avaient pas besoin de faire emploi de la totalité des centimes spéciaux, pouvaient en distraire une partie et affecter le montant de ce prélèvement aux autres dépenses du budget ordinaire.

Cette disposition est maintenue par la loi du 10 août, mais elle n'a pas été reproduite sans modification dans le texte de l'article 60. La faculté attribuée aux conseils généraux a fait l'objet d'une réserve ainsi conçue : « L'affectation de l'excédant du produit de trois centimes spéciaux de l'instruction primaire à des dépenses étrangères à ce service ne pourra avoir lieu qu'à l'une des sessions de l'année suivante et lorsque cet excédant aura été constaté en fin d'exercice. »

J'ai dû, monsieur le préfet, me concerter avec M. le ministre de l'instruction publique pour assurer l'exécution de cette disposition. Bien que le nombre des départements qui pourront user de la faculté exceptionnelle que la loi leur accorde doive demeurer restreint, nous avons dû, mon collègue et moi, prévoir le cas où le prélèvement sur les ressources spéciales de l'enseignement deviendrait indispensable. En conséquence, il a été entendu que les conseils généraux qui auraient à faire usage du droit consacré par l'article 60 inscriraient en recette, à la fois au budget départemental et au budget spécial de l'instruction publique, l'intégralité du produit des trois centimes spéciaux. En dépense, ils ouvriront également à l'un et à l'autre de ces budgets les crédits applicables aux dépenses de l'enseignement primaire. Le surplus, c'est-à-dire la somme que le conseil général est obligé de distraire de sa destination normale pour l'appliquer aux autres dépenses ordinaires, ressortira provisoirement en excédant de recettes.

Chacun des budgets ayant été réglé par les soins du ministre compétent, c'est seulement l'année suivante, à la clôture de l'exercice, que le conseil général pourra faire emploi des ressources dont la disponibilité aura été régulièrement constatée et qui, afférentes par leur origine au budget du ministère de l'instruction publique, seront rattachées, à titre de produit éventuel, au budget départemental. Il est manifeste, d'ailleurs, que le prélèvement sur le produit des centimes spéciaux doit devenir de moins en moins fréquent; il ne pourra, au surplus, être opéré que lorsque le conseil général aura satisfait aux dépenses obligatoires que les lois de 1850 et de 1867 ont prévues et dont M. le ministre de l'instruction publique a dressé la liste dans sa circulaire du 9 août 1870. Le développement rapide de l'enseignement primaire est dans le vœu de la loi ; il constitue l'une des exigences les plus légitimes de la situation présente : les conseils généraux reconnaîtront combien il serait regrettable de restreindre la dotation, à peine suffisante aujourd'hui, d'un service qui correspond à l'un des premiers besoins du pays.

L'article 61, qui complète l'article précédent, énumère les dépenses que le Gouvernement serait autorisé à inscrire d'office au budget départemental, si le conseil général omettait ou refusait de les doter d'un crédit suffisant. Une contribution spéciale pourrait être établie par un décret ou par une loi pour assurer le paiement de ces dépenses obligatoires. Vous remarquerez, monsieur le préfet, que la loi ajoute à la nomenclature de ces dépenses, telle qu'elle est fixée à l'article 60, « l'acquittement des dettes exigibles ». Ces mots ont été introduits dans le texte pour remplacer la disposition finale de l'article 20 de la loi du 10 mai 1838, aux termes de laquelle il devait être pourvu, au moyen d'une contribution extraordinaire établie par une loi spéciale, au paiement des dettes que le conseil général aurait refusé d'inscrire au budget. Il n'est donc point innové sous ce rapport, et je ne vois pas qu'il y ait lieu de modifier le classement actuel des crédits applicables au remboursement des dettes départementales. Si la dette a eu pour origine une dépense obligatoire, l'allocation votée s'inscrira comme autrefois au sous-chapitre I. Elle sera portée au sous-chapitre XIV si elle est afférente à une dépense facultative.

Le second paragraphe de l'article 63 a pour objet le report des fonds libres au budget de l'exercice courant, la faculté de donner une destination nouvelle aux ressources disponibles et l'établissement au budget rectificatif. Ces dispositions étant empruntées à la loi de 1866, je n'ai rien à ajouter aux instructions que renferme, à cet égard, la circulaire du 6 août 1868.

Aux termes de la loi du 18 juillet 1866, article 1er, paragraphe 2, les conseils généraux statuaient définitivement sur l'emploi des fonds libres provenant d'emprunts ou d'impositions extraordinaires. Ce droit n'est point enlevé aux assemblées départementales. Mais le législateur de 1871 a vu avec raison, dans l'emploi de ces reliquats, une mesure purement financière qui intéresse essentiellement le budget rectificatif. L'article 63 a tenu compte de ces ressources disponibles. Le conseil général statue sur leur destination nouvelle en votant le budget.

L'article 66, relatif aux comptes du département, vous impose l'obligation de les communiquer à la commission départementale, avec les pièces à l'appui, dix jours au moins avant l'ouverture de la session d'août.

Dans la même session, vous devez, comme vous le faites d'ailleurs depuis 1866, soumettre au conseil général le compte annuel de l'emploi des ressources municipales affectées aux chemins de grande communication et d'intérêt commun. Ces ressources sont celles qui s'inscrivent pour ordre au budget départemental. Le conseil général doit en connaître l'emploi détaillé pour proportionner aux besoins réels des communes et aux sacrifices qu'elles s'imposent, l'importance des subventions qu'il croira devoir accorder à la vicinalité sur les fonds départementaux.

D'après l'article 68, le conseil général devra être appelé chaque année à dresser un tableau collectif des propositions relatives à la répartition des secours et des subventions dont le montant est inscrit au budget de l'Etat pour les travaux des églises et des presbytères, les établissements de bienfaisance, les maisons d'école et les salles d'asile, et enfin les comices et les associations agricoles. Les propositions devront être classées par ordre d'urgence. Comme ces diverses matières ressortissent à des ministères différents et intéressent des services distincts, c'est non un tableau, mais quatre, que le conseil général aura à dresser. Vous n'aurez à me transmettre que l'état relatif à la répartition des secours généraux applicables à des établissements et à des institutions de bienfaisance.

§ 2. — ATTRIBUTIONS DE LA COMMISSION DÉPARTEMENTALE.

Les articles 69 à 76 sont relatifs à l'organisation de la commission départementale, à la périodicité de ses réunions, à l'ordre intérieur de ses séances. Des instructions spéciales devant vous être adressées sur ces divers points, je n'ai pas à vous en entretenir ici.

Les attributions conférées à la commission départementale peuvent être très-restreintes ou très-larges. Aux termes de l'article 77, la commission règle les affaires qui lui sont renvoyées par le conseil général, dans les limites de la délégation qui lui est faite. Elle est appelée, en outre, à donner son avis au préfet, non-seulement sur toutes les questions qu'il est tenu de lui soumettre, mais encore sur celles qu'elle croit devoir signaler à son attention dans l'intérêt du département.

En m'occupant des attributions des conseils généraux, j'ai déjà, monsieur le préfet, mentionné plusieurs actes dont l'accomplissement exige l'intervention de la commission départementale. Ainsi, lorsque, dans les cas d'urgence, il y a lieu d'intenter ou de soutenir une action au nom du département, la commission est autorisée à statuer (art. 45, § 15); si un litige s'engage avec l'Etat, ce n'est plus, comme autrefois, le membre du conseil de préfecture le plus ancien en fonctions, mais bien un membre de la commission qui représente le département (art. 45, § 3). Ce sont là, il est vrai, des circonstances qui ne sauraient se produire que rarement : l'intervention de la commission départementale sera fréquente, au contraire ; elle sera constamment renouvelée dans la passation des contrats destinés à assurer la marche des divers services départementaux.

Aux termes de l'article 54, § 4, il vous appartient de passer les contrats au nom du département, mais vous ne pouvez le faire que sur l'avis conforme de la commission départementale.

Parmi les résolutions que le conseil général peut prendre à titre difinitif, il en est un grand nombre dont l'exécution implique la rédaction et la signature d'un traité. Les acquisitions, les aliénations, les échanges, la gestion des propriétés départementales, les baux à loyer, l'assurance des bâtiments, d'autres opérations encore doivent aboutir à un contrat. Pour la solution de ces diverses affaires, vous devrez, lorsque le conseil général aura statué, préparer l'acte qui engagera les deux parties contractantes ; vous le soumettrez ensuite à la commission départementale, et c'est seulement sur son avis conforme, dont mention devra être faite, que vous pourrez le revêtir de votre signature.

La commission départementale n'intervient qu'exceptionnellement dans la solution des questions qui se rapportent au budget. Sans doute, elle examine par avance vos prévisions, et elle doit même présenter au conseil général, à l'ouverture de la session d'août, un rapport sommaire sur les propositions que vous comptez soumettre à l'assemblée ; mais c'est au conseil général seul, qui a voté les crédits et qui a fixé les recettes, qu'il appartiendrait de proposer une modification ou un virement au budget en cours d'exercice.

Une obligation vous est cependant imposée vis-à-vis la commission départementale. Au commencement de chaque mois, vous êtes tenu de lui adresser l'état détaillé des ordonnances de délégation que vous avez reçues et des mandats de paiement que vous avez délivrés pendant le mois précédent. La même obligation est imposée aux ingénieurs en chef qui émettent des mandats par suite du droit qui leur a été délégué, en exécution de la décision du Président de la République, en date du 20 décembre 1849.

Il est pourtant deux cas où la commission départementale est appelée à intervenir dans l'emploi ou dans le recouvrement des ressources inscrites au budget.

Lorsque le conseil général alloue des subventions sur les fonds départementaux, il n'est pas tenu d'en opérer lui-même la répartition. Il peut déléguer ce soin à la commission départementale. Dans ce cas, monsieur le préfet, vous mettrez sous les yeux de la commission tous les documents de nature à lui permettre d'opérer la répartition de la manière la plus équitable. Quant aux fonds provenant des amendes de police correctionnelle, dont la répartition vous appartenait en vertu de l'ordonnance royale du 30 décembre 1823 et du décret du 25 mars 1852 (tableau A, § 39), c'est la commission qui aura désormais à en faire la distribution. Quelques-uns de ces produits ont, vous le savez, une destination spéciale. Ainsi, pour ne citer qu'un exemple, l'arrêté du 25 floréal an VIII et l'ordonnance de 1823 affectent au service des enfants assistés une partie de ces amendes, dont le produit s'inscrit en recette au budget ordinaire du département. Cette destination spéciale devra être respectée.

Enfin la commission départementale est appelée à répartir aussi le produit des prestations rachetées en argent sur les lignes que ces prestations concernent. C'est là, monsieur le préfet, une modification importante aux dispositions du règlement sur le service vicinal. Vous ferez dresser par l'agent voyer en chef un tableau que vous mettrez sous les yeux de la commission et qui lui permettra de répartir ces ressources en raison de leur origine et de leur destination spéciales.

Le second cas où l'intervention de la commission peut s'exercer en matière de budget est relatif à la réalisation des emprunts départementaux.

Lorsque le conseil général inscrira au budget extraordinaire le montant d'un emprunt à contracter pendant la durée de l'exercice, il s'abstiendra presque toujours de fixer d'une manière précise l'époque de la réalisation de cette ressource. L'exécution plus ou moins rapide des travaux, les faits imprévus qui peuvent se produire doivent en effet avoir pour résultat de retarder ou de hâter le moment où il sera nécessaire de faire appel au crédit. Désormais, l'époque de réalisation des emprunts sera fixée par la commission départementale, qui déterminera, en même temps, le mode de réalisation, si le conseil général n'a pas lui-même indiqué ses préférences.

La commission départementale pourra aussi être appelée, lorsque le conseil général lui aura délégué ses pouvoirs sur ce point, à déterminer l'ordre de priorité des travaux à exécuter sur les fonds du département. Elle fixera également l'époque à laquelle ces entreprises devront être mises en adjudication. Pour lui rendre plus facile l'accomplissement de cette partie de sa tâche, vous devrez, monsieur le préfet, soumettre à la commission départementale, au commencement de chaque campagne, les propositions motivées des ingénieurs, des agents voyers et de l'architecte. Exactement informée du degré d'urgence que peuvent présenter les projets étudiés, la commission statuera en parfaite connaissance de cause.

Je vous ai déjà fait remarquer que la commission est chargée de vérifier l'état du mobilier appartenant au département. L'article 83 lui impose une autre obligation : elle doit vérifier aussi la situation des archives départementales, et elle aura par suite à rendre compte au conseil général du résultat de son examen.

Sous le régime de la loi de 1838, cette mission incombait au conseil général lui-même, qui ne pouvait vérifier qu'une fois par an l'état des archives. La commission départementale, appelée à se réunir chaque mois, pourra exercer sur ce service une surveillance plus active et mieux en rapport avec l'intérêt que présente la conservation des documents historiques dont la publication des inventaires a révélé l'inappréciable richesse.

L'article 26 de la loi de finances du 15 septembre 1807 confiait au préfet le soin de statuer, en conseil de préfecture et d'après le rapport du directeur des contributions, sur les réclamations présentées par les propriétaires, régisseurs ou fermiers contre les évaluations cadastrales. Aux termes de l'article 33, il statuait dans les mêmes formes sur les réclamations formulées au nom des communes par la réunion des propriétaires délégués dans ce but par les conseils municipaux. Désormais, la commission départementale exercera en cette matière les attributions qui vous avaient été conférées par la loi de 1807.

L'article 87 investit encore la commission départementale d'un droit que la loi du 21 juin 1865 vous avait réservé. Lorsque, en exécution de l'article 23 de cette loi, une subvention était accordée sur le budget du département, en vue d'une entreprise confiée à un syndicat, vous étiez autorisé à nommer un nombre de syndics proportionné à la part que la subvention représentait dans l'ensemble de l'entreprise subventionnée. A l'avenir, ce choix sera fait par la commission départementale.

Toutefois, aux termes de l'article 93, ce n'est qu'à partir du 1er janvier 1872 que les commissions pourront statuer sur les réclamations relatives aux évaluations cadastrales et sur la nomination des membres des commissions syndicales.

Vous remarquerez, monsieur le préfet, que les décisions prises par la commission sur les matières énoncées dans l'article 87 ne sont pas sans appel. Elles vous seront communiquées, et elles devront être notifiées en même temps, aux conseils municipaux et aux autres parties intéressées. L'appel, après avoir été signifié au président de la commission, est porté devant le conseil général, qui statue définitivement, lors de sa plus prochaine session. Les décisions de la commission peuvent, en outre, être déférées au Conseil d'Etat pour cause d'excès de pouvoir ou de violation de la loi ou d'un règlement d'administration publique. Dans tous les cas, l'appel a pour effet de suspendre l'exécution de la décision attaquée.

Je crois devoir, monsieur le préfet, terminer ici ces observations. Je me réserve de les compléter, s'il y a lieu, par des instructions nouvelles. Plusieurs de mes collègues auront sans doute aussi à vous adresser quelques éclaircissements sur les matières spéciales qui intéressent plus particulièrement les services dont ils sont chargés. L'application que les conseils généraux vont faire de la loi du 10 août soulèvera inévitablement des questions imprévues qu'il faudra résoudre et que je suis prêt à examiner avec vous. Nous devrons, pour la solution de ces difficultés, interroger l'esprit plus encore que le texte de la loi, et obéir à la pensée de décentralisation dont l'Assemblée nationale s'est inspirée. Ici, les principes de l'ancienne législation ne sauraient suffire, ils ne pourraient être invoqués qu'avec réserve, car la loi du 10 août 1871 ne vient pas seulement apporter quelques améliorations de détail aux lois du 10 mai 1838 et du 18 juillet 1866, elle les abroge, elle les remplace par un ensemble de dispositions qui seront désormais le véritable code départemental.

C'est aux assemblées, librement reconstituées par une élection nouvelle, aux commissions qui vont être nommées, aux fonctionnaires de plus en plus attentifs aux intérêts des départements, qu'il appartient d'accomplir loyalement leur devoir, d'utiliser leurs franchises élargies et de réveiller partout l'activité de la vie locale. Dès à présent, la loi du 10 août satisfait à tous les besoins de la situation. Comme l'Assemblée nationale, le Gouvernement est convaincu que les conseils généraux useront pour le bien du pays des libertés qui leur sont accordées.

Recevez, monsieur le préfet, l'assurance de ma considération très-distinguée.

Le ministre de l'intérieur,

Pour le ministre et par délégation :

Le sous-secrétaire d'Etat, CALMON.

Versailles, 18 octobre 1871.

Monsieur le préfet, vous avez déjà reçu de mon ministère plusieurs instructions destinées à faciliter la première application de la loi du 10 août 1871. Je vous transmets aujourd'hui celles qui vous avaient été annoncées le 8 octobre, relativement à la tenue des sessions des conseils généraux et de la commission départementale.

§ 1er. — DES SESSIONS DU CONSEIL GÉNÉRAL.

Au jour indiqué pour l'ouverture de la session, les candidats proclamés par les bureaux électoraux des chefs-

lieux de canton se réuniront sur la convocation indivi-
duelle que vous aurez à leur adresser.

Conformément à l'article 25 de la loi et jusqu'à ce que le
conseil général soit régulièrement constitué par la vérification de ses pouvoirs, le plus âgé des membres présents
prendra la présidence. Le plus jeune fera provisoirement
fonctions de secrétaire.

Aussitôt après la vérification, et sans attendre qu'il ait
été statué sur celles des élections que le conseil général
aurait réservées, l'assemblée procédera, au scrutin secret,
à l'élection d'un président, d'un ou plusieurs vice-présidents et des secrétaires.

La loi ne détermine pas le nombre des vice-présidents
et des secrétaires. Je n'ai, à cet égard, aucun conseil à
formuler, mais il est évident que si, dans la plupart des
cas, un vice-président suffit, la nomination de plusieurs
secrétaires peut devenir nécessaire pour assurer, d'après
les conditions nouvelles établies par les articles 31 et 32,
le service des procès-verbaux et des comptes rendus offi-
ciels.

L'élection des membres du bureau aura lieu par votes
successifs, dans l'ordre indiqué par la loi.

Le président et le vice-président (s'il n'y en a qu'un)
sont élus au scrutin individuel. Les secrétaires et les vice-
présidents (s'ils sont plusieurs) sont élus au scrutin de
liste.

D'après le premier projet soumis aux délibérations de
l'Assemblée nationale, le droit de prendre part au vote
était suspendu pour les conseillers dont on aurait ajourné
l'admission. De la suppression de ce paragraphe dans le
texte définitif et de la déclaration faite par le rapporteur
(séance du 19 juillet) on doit conclure que les membres
sur l'élection desquels il n'a pas encore été prononcé peuvent participer à la formation du bureau ainsi qu'aux
autres votes. Cette interprétation est d'ailleurs conforme à
la jurisprudence de l'Assemblée nationale.

L'élection des membres du bureau a lieu à la majorité
absolue.

Si le premier tour de scrutin n'a pas donné de résultat,
le conseil, conformément à la loi du 23 juillet (à laquelle
l'article 25 de la loi du 10 août a été emprunté), devra
procéder à un second tour de scrutin et ensuite à un scrutin de ballottage entre les deux candidats qui auront obtenu
le plus de voix. En cas d'égalité de suffrages, l'élection
appartiendra au plus âgé.

Le bureau ainsi constitué reste en fonctions pour la seconde session ordinaire et pour toutes les sessions extraordinaires qui pourraient avoir lieu dans le cours de l'année. Il n'est intégralement renouvelé qu'à la session ordinaire du mois d'août suivant. Mais en cas de vacances par décès, démissions ou autres causes, il devra être procédé à une désignation complémentaire.

Les procès-verbaux arrêtés par les bureaux de recensement des chefs-lieux de canton, et qui ont dû vous être adressés conformément à l'article 13 de la loi, seront, à l'ouverture de la première séance, déposés sur la table du conseil avec toutes les pièces à l'appui.

Vous y joindrez les protestations qui auraient été remises à la préfecture contre récépissé. (Art. 15.)

Le conseil général procédera à l'examen de ces dossiers dans les formes que déterminera son règlement intérieur. Le mode de vérification des élections ayant été emprunté aux traditions des assemblées politiques, il sera bon que le conseil général consulte, pour la procédure, les règles suivies en matière de vérification des pouvoirs des députés. Il pourrait donc, avec avantage, se diviser par la voie du sort en un certain nombre de bureaux qui nommeraient chacun son président, son secrétaire et son rapporteur, et entre lesquels seraient répartis, suivant l'ordre alphabétique des cantons, les dossiers électoraux.

Le conseil statuera par un vote individuel sur chacune des élections. Si l'élection n'est pas contestée, le vote pourra avoir lieu par assis et levé ; mais, en cas de contestation, le scrutin secret est obligatoire. (Article 30 de la loi.)

Il ne vous échappera pas, monsieur le préfet, que, le conseil général étant exclusivement saisi de la question de validation ou d'invalidation des pouvoirs du candidat élu, il ne lui appartiendrait pas déclarer élu, en modifiant l'attribution des voix, un candidat qui n'aurait pas été proclamé par le bureau de recensement. Le conseil général doit se borner à déclarer le candidat proclamé par le bureau *admis* ou *non admis*.

De même, l'assemblée excéderait ses pouvoirs si, se mettant au-dessus de la loi, elle prononçait l'admission d'un citoyen qui ne satisferait pas aux conditions d'éligibilité imposées par le titre deuxième. La loi étant violée, la décision du conseil tomberait sous l'application de l'article 47 (titre IV), et vous auriez à former devant le Gouvernement un recours en annulation sur lequel statuerait un décret rendu en Conseil d'Etat.

Hors ce cas, les décisions du conseil général, en matière de vérification des pouvoirs, sont souveraines : statuant comme jury, il n'est même pas obligé de les motiver ; mais, dans la pratique, les raisons qui auront déterminé ses votes ressortiront vraisemblablement du rapport qui les aura précédés.

Enfin, l'assemblée départementale n'est pas tenue de se renfermer dans l'examen des griefs articulés par les protestations, puisque, même en l'absence de toute réclamation, il pourrait invalider d'office les pouvoirs d'un candidat dont l'élection lui aurait paru irrégulière.

En cas d'invalidation, le président vous en donnera avis, pour qu'il soit procédé à un nouveau scrutin dans le délai maximum de trois mois ; mais je vous rappelle que, d'après la nouvelle loi, il ne vous appartient plus de convoquer les électeurs : ce droit est aujourd'hui réservé au pouvoir exécutif. (Article 12.)

Le conseiller élu dans plusieurs cantons peut, d'après l'article 17, opter pour le canton qu'il préfère représenter, mais il est tenu de déclarer son option au président dans les trois jours qui suivent la décision relative à sa dernière élection vérifiée.

S'il n'a pas fait connaître ses préférences dans le délai légal, l'assemblée départementale détermine en séance publique, par la voie du sort, à quel canton l'élu appartiendra.

En cas d'élection dans deux départements différents, les deux conseils généraux ont le même droit de procéder au tirage au sort. Cela résulte d'une déclaration faite dans la séance du 19 juillet par le président de l'Assemblée nationale ; mais il est évident qu'avant d'user de ce droit les deux conseils devront s'entendre, de manière que l'opération ne fasse pas double emploi.

C'est également par la voie du tirage au sort que doivent être désignés les membres à éliminer, lorsque le nombre de ceux qui ne sont pas domiciliés dans le département, mais qui, en conformité de l'article 6, ont été élus parce qu'ils y payaient une contribution directe, dépasse le quart de l'effectif légal.

Sous le régime des lois des 22 juin 1833 et 3 juillet 1848, les tribunaux ordinaires avaient seuls qualité pour décider les questions de domicile, et lorsqu'une élection était contestée par la raison que le nombre des conseillers non domiciliés était déjà égal ou supérieur au quart, le conseil de préfecture devait renvoyer le demandeur à se pourvoir devant les tribunaux civils pour faire préalablement vider, à l'égard de chacun des conseillers, la question de domicile.

La situation n'est plus la même aujourd'hui, puisque l'Assemblée, en votant l'article 16, a entendu donner aux conseils généraux le droit d'apprécier les questions d'état. Si le cas prévu par le dernier paragraphe de l'article 17 se présentait, le conseil général n'aurait donc, pour justifier sa décision, qu'à déclarer, avant de procéder au tirage au sort, qu'il considère tels et tels conseillers comme non domiciliés.

Bien que le texte de la loi n'établisse aucune distinction, la disposition finale de l'article 17 ne s'applique qu'au cas d'élections simultanées. En effet, s'il se trouvait deux conseillers nommés à des dates différentes et que la proportion du quart ne fût dépassée que d'une unité, l'élection des premiers serait définitive et parfaitement régulière, puisque, au moment où elle aurait eu lieu, le nombre des conseillers non domiciliés ne dépassait pas le maximum légal. Il n'en serait pas de même du second, et c'est ce dernier, par conséquent, que l'exclusion devrait atteindre.

L'article 18 comble une lacune de la législation antérieure en spécifiant quelle est l'autorité à laquelle il appartient de déclarer démissionnaire un conseiller qui, pour une cause survenue postérieurement à son élection, se trouve dans un des cas d'incapacité ou d'incompatibilité prévus par la loi.

Ce droit est attribué au conseil général lui-même, qui prononce soit d'office, soit sur la réclamation d'un ou plusieurs électeurs.

Mais il ne saurait dépasser les limites dans lesquelles la loi a voulu en circonscrire l'exercice. Le conseil général excéderait donc ses pouvoirs si, par une fausse application de l'article 18, il déclarait un conseiller démissionnaire à raison d'une incapacité ou d'une incompatibilité *antérieure à l'élection*. L'irrégularité qui, dans ce cas, a pu entacher l'élection à son origine se trouve en effet couverte par la vérification des pouvoirs, et le bénéfice de l'admission reste définitivement acquis au conseiller élu.

L'article 19 prévoit un autre cas de démission prononcée d'office. Lorsqu'un membre de l'assemblée départementale aura manqué à une seule session ordinaire, sans excuse légitime admise par le conseil, « *il sera*, dit la loi, *déclaré démissionnaire par le conseil général dans la dernière séance de la session* ». Si formels que soient les termes

Manuel C. G.   6

de cet article, les conseils généraux s'interdiront sans doute de prononcer sans avoir entendu le conseiller absent, ou du moins sans l'avoir mis en demeure de produire ses explications, car il pourrait se faire que les mêmes raisons l'eussent empêché de se rendre à la session et de présenter ses excuses en temps utile. Le conseil se trouverait ainsi amené à remettre sa décision à la plus prochaine session ; mais cet ajournement me semble conforme à l'esprit de la loi, qui subordonne l'exclusion à l'examen de la légitimité des motifs de l'absence.

La précédente législation avait également omis de déterminer à quelle autorité devaient être adressées les démissions des conseillers généraux. D'après l'article 20, ces démissions sont remises soit au président du conseil général, soit au président de la commission départementale, qui en avise immédiatement le préfet ; il résulte du texte même de la loi que le conseil général se borne à les enregistrer et n'a pas à se prononcer sur l'acceptation.

Le délai de trois mois, accordé par l'article 22 pour la réunion du collége électoral qui doit pourvoir à la vacance, court du jour de la notification au préfet.

Après une longue délibération, l'Assemblée nationale a réduit à six ans les pouvoirs des conseillers généraux, et elle a décidé que le renouvellement aurait lieu par moitié tous les trois ans.

Le conseil général devra donc, dans la session qui va s'ouvrir, diviser les cantons en deux séries comprenant chacune un nombre de cantons égal, ou qui, du moins, ne différera que d'une unité, si le nombre des cantons du département est impair. En outre, chacune des séries devra, autant que possible, être composée d'un nombre égal de cantons empruntés à chacun des arrondissements.

Vous remarquerez qu'une fois les séries établies, c'est au conseil général lui-même, et non plus au préfet en conseil de préfecture, qu'il appartient de procéder au tirage au sort.

La série qui sortira la première de l'urne prendra le numéro 1 et sera renouvelable en 1874, 1880, 1886. L'autre prendra le numéro 2 et sera renouvelable en 1877, 1883, etc.

La loi du 23 juillet 1870 (art. 2) avait déjà reconnu aux conseils généraux le droit d'arrêter leur règlement intérieur. Mais ce qui, d'après la loi précédente, était une simple faculté : « *Le conseil général peut, s'il le juge convenable, adopter un règlement intérieur,* » devient une obligation : « *Le conseil général fait son règlement intérieur.* » On conçoit, en effet, que la publicité des séances nécessite l'adoption de certaines dispositions réglementaires destinées à faciliter la direction des débats et la police de l'assemblée.

Je n'ai, en ce qui concerne la rédaction de ce règlement, aucune recommandation particulière à formuler. Il existe déjà dans la plupart des départements, à défaut de règlement écrit, des traditions qui se sont formées sous l'influence des nécessités et des convenances locales et qu'il suffira de modifier dans la mesure des innovations introduites par la loi du 10 août.

Le règlement intérieur aura d'abord à déterminer le mode de constitution des bureaux ou des commissions chargés de l'examen préalable des affaires soumises aux délibérations du conseil général.

A cet égard, je crois utile de vous faire remarquer que si l'article 51, § 2, confère au conseil général un droit qui lui avait été autrefois contesté, celui de charger un ou plusieurs de ses membres d'une mission dans l'intervalle des sessions, cette disposition ne doit être nullement interprétée en ce sens qu'elle autoriserait la permanence des commissions. Seule la commission départementale a une existence régulière en dehors des sessions, et les missions qui peuvent être confiées à d'autres commissaires doivent avoir un caractère individuel et défini. La loi ne parle, en effet, que de renseignements à recueillir sur les lieux pour l'instruction d'une affaire particulière. Les termes du rapport de la commission législative sont un peu moins restrictifs ; mais de l'un et l'autre texte, il résulte clairement que les délégués ne peuvent s'occuper que d'un objet unique spécialement déterminé.

L'article 28 consacre la publicité des séances qui avait été établie par le décret du 3 juillet 1848. Le Gouvernement, comme l'Assemblée nationale, compte sur la sagesse des conseils généraux pour éviter que cette disposition libérale ne dégénère en abus.

Tout régime de liberté a ses inconvénients ; mais, au-dessus d'eux, il est des avantages dont profitent les mœurs publiques, et la compensation est trop large pour qu'en face des deux systèmes l'hésitation soit possible.

Il appartient au président du conseil, qui a seul la police de l'assemblée, de veiller à ce que l'admission du public ne nuise pas à l'ordre intérieur et à la régularité des délibérations. A cet effet, la loi lui confère le droit d'ordonner·

l'expulsion ou l'arrestation de tout individu dont la présence serait une cause de trouble, et de dresser procès-verbal en cas de crime ou de délit. Mais je ne doute pas que, de votre côté, vous n'ayez déjà pris des dispositions matérielles pour que la partie de la salle des séances destinée au public soit complétement séparée de l'enceinte réservée au conseil. Cette mesure n'importe pas moins au maintien de l'ordre qu'à la dignité et à la liberté des débats.

En décrétant comme règle générale la publicité des séances, la loi a laissé aux assemblées départementales la faculté de se former en comité secret.

Le comité secret peut toujours être demandé soit par le président, soit par le préfet, soit par cinq des membres présents. La proposition ne doit donner lieu à aucune discussion. Le président consulte l'assemblée, qui prononce par assis et levé.

Le conseil général décide ensuite en quels termes la délibération prise en comité secret doit être inscrite au procès-verbal. La loi du 23 juillet 1870 en interdisait la publication ; mais, comme la nouvelle loi n'a pas reproduit cette disposition restrictive, l'assemblée départementale reste juge de la question.

L'article 30 tranche une question que la loi du 22 juin 1833 laissait indécise. Il porte que « *le conseil général ne peut délibérer si la moitié plus un des membres dont il doit être composé n'est présente* ». On s'était souvent demandé, sous l'ancienne législation, si la majorité nécessaire à la régularité des délibérations devait être calculée d'après le nombre des membres en exercice, ou d'après l'effectif réglementaire du conseil. C'est le nombre total des conseillers, c'est-à-dire celui des cantons, qui détermine aujourd'hui cette majorité.

Quant au mode de votation, la loi du 10 août consacre une innovation considérable en déclarant que les suffrages seront recueillis au scrutin public toutes les fois que le sixième des membres présents le demandera, et en ajoutant que les noms des votants seront insérés au procès-verbal. Sous le régime de la loi du 10 mai 1838, il était interdit de mentionner au procès-verbal les noms des membres qui prenaient part aux délibérations. La loi du 23 juillet 1870 avait, il est vrai, levé cette prohibition, mais elle n'admettait pas le scrutin public.

Désormais le scrutin public pourra être réclamé sur toutes les questions, sauf les cas prévus par la loi.

Une première exception résulte de l'article 28 ci-dessus

rappelé, d'après lequel le comité secret est décidé par assis et levé. Vous en trouverez une seconde dans l'article 30, qui exige le scrutin secret chaque fois qu'il s'agit soit de nominations, soit de validations d'élections contestées.

Dans les votes par assis et levé et dans les scrutins publics, le président, en cas de partage, a voix prépondérante.

La loi impose un double travail aux secrétaires des conseils génraux :

1º Ils doivent établir, jour par jour, un compte rendu sommaire et officiel des séances. Ce compte rendu, dont la reproduction est obligatoire pour les journaux qui veulent apprécier une discussion, est mis à la disposition de tous les journaux du département dans les quarante-huit heures qui suivent la séance.

2º Ils doivent également rédiger, au jour le jour, le procès-verbal qui est arrêté au commencement de chaque séance et qui contient, avec les rapports, les noms des membres qui ont pris part aux débats et l'analyse de leurs opinions.

Le compte rendu, qui mentionne, comme le procès-verbal lui-même, les noms des conseillers qui prennent part aux délibérations, est rédigé sous l'autorité du président. (Loi du 23 juillet 1870, article 2.) Quant aux procès-verbaux, ils sont signés par le président et le secrétaire, après avoir reçu l'approbation de l'assemblée.

Par une disposition empruntée à la législation municipale, la loi du 23 juillet 1870 (art. 3) avait déjà reconnu à tout électeur ou contribuable du département le droit de demander communication, sans déplacement, et de prendre copie des délibérations des conseils généraux. Le dernier paragraphe de l'article 32 de la loi du 10 août y ajoute le droit de prendre également copie, sans déplacement, de tous les procès-verbaux des séances publiques et de les reproduire par la voie de la presse.

Les articles 33 et 34, qui prévoient le cas où un conseil général sortirait de ses attributions légales ou se réunirait en dehors des sessions régulières, ne font que reproduire, avec quelques légères modifications de texte, les dispositions des articles 14 et 15 de la loi du 22 juin 1833. Je ne m'y arrêterai donc pas. Le Gouvernement est d'ailleurs convaincu que les conseils généraux, investis aujourd'hui des pouvoirs les plus complets dans la sphère des intérêts départementaux, sauront religieusement respecter les limites que la loi a assignées à leur autorité et à leur compétence. De même que pour les vœux politiques, sur lesquels ma circulaire du 8 octobre (page 17) a déjà appelé votre attention, ils devront s'abstenir de tout ce qui ne rentrerait pas dans le cercle régulier de leurs attributions purement administratives. Votre devoir, comme représentant du Gouvernement, sera d'y veiller. En cas d'infraction, vous m'en référeriez immédiatement.

Les articles 27 et 52 règlent les rapports du préfet et des chefs de service avec le conseil général.

La première de ces dispositions reproduit sans modification l'article 12 de la loi du 22 juin 1833, en donnant au préfet le droit d'entrer au conseil général, d'assister aux délibérations et d'être entendu lorsqu'il le demande. Il doit seulement s'abstenir lorsqu'il s'agit de l'apurement de ses comptes.

Les préfets se sont fait jusqu'à présent un devoir d'assister à toutes les séances du conseil général. Leur présence et leurs explications verbales ne peuvent que faciliter l'instruction des affaires et aider à la bonne gestion des intérêts départementaux. Aux termes de l'article 3 de la nouvelle loi, le préfet reste d'ailleurs chargé de l'instruction préalable des affaires soumises au conseil général et de l'exécution des décisions prises par cette assemblée. A ces divers points de vue, sa participation personnelle aux débats me paraît indispensable.

Quant à l'article 52, qui a été voté sans discussion, et qui déclare que les chefs de service des administrations publiques dans le département doivent fournir verbalement ou par écrit tous les renseignements qui leur sont demandés par le conseil général sur les questions qui intéressent le département, il se complète par l'article 3 que je viens de rappeler, et d'après lequel le préfet est le représentant du pouvoir exécutif dans le département. Les règles de la hiérarchie, non moins que les convenances, exigent que l'invitation adressée aux chefs de service leur soit transmise par l'intermédiaire du préfet. Tels étaient, du reste, les usages constamment suivis dans tous les départements, et, si la loi avait entendu y déroger, il en eût été fait mention certainement, soit dans le rapport de la commission législative, soit dans le texte de la loi.

Enfin l'article 56 impose aux préfets une obligation qui résultait déjà pour eux de la circulaire ministérielle du 21 août 1861. La loi leur prescrit d'adresser à tous les membres du conseil général, huit jours au moins avant l'ouverture de la session d'août, un exemplaire imprimé

de leur rapport d'ensemble sur la situation du département-
ment et sur l'état des différents services publics.

Un autre rapport exposant les affaires qui doivent être
traitées pendant la seconde session ordinaire, doit également être imprimé et distribué huit jours avant cette session.

Avant que le conseil général se sépare, vous lui deman-
derez, monsieur le préfet, s'il entend, conformément à
l'article 23 de la loi, fixer lui-même le jour de l'ouverture
de la seconde session ordinaire. Dans la pensée de la commission législative, cette seconde session devait, en temps
normal, coïncider avec les vacances de Pâques.

Si cette année, à raison des circonstances exception-
nelles qui ont retardé de deux mois la réunion ordinaire
d'août, le conseil général de votre département préférait
ne point trancher immédiatement la question, il pourrait,
ainsi que la loi l'y autorise, en laisser la solution à la commission départementale.

§ 2. — DES SESSIONS DE LA COMMISSION DÉPARTEMENTALE.

La loi du 10 août a tracé, pour l'élection de la commission départementale, des règles fort simples.

Après avoir déterminé le nombre des membres dont il
désire que la commission soit composée, nombre qui peut,
d'après la loi, varier entre quatre et sept, le conseil général nomme au scrutin secret (art. 30) et à la majorité absolue les membres de la commission.

Ceux-ci doivent, autant que possible, être choisis parmi
les conseillers élus ou domiciliés dans chaque arrondissement. C'est même afin d'assurer la représentation de tous
les arrondissements administratifs que la loi, prévoyant
tous les cas, a porté à sept l'effectif maximum de la commission départementale.

Tous les membres du conseil général, à l'exception des
députés et du maire du chef-lieu du département (art. 70),
sont éligibles. L'assemblée, vous le savez, a repoussé formellement les amendements qui tendaient à étendre le cercle des incompatibilités.

La commission ainsi nommée reste en fonctions jusqu'à
la prochaine session d'août.

Toutefois, en cas de conflit entre le préfet et la commission départementale, ou si cette dernière outre-passe ses
attributions, le conseil général, appelé à en connaître,
conformément à l'article 85, peut procéder à de nouveaux

choix. En cas de décès ou de démission, il peut également pourvoir, soit dans sa seconde session annuelle, soit dans une session extraordinaire, au remplacement des commissaires démissionnaires ou décédés.

L'article 71 défère la présidence de la commission départementale au doyen d'âge. Celle-ci n'aura donc qu'à élire son secrétaire, qui sera chargé de la rédaction des procès-verbaux, conformément à l'article 72.

Pour faciliter l'expédition des affaires et la participation des préfets aux travaux de la commission, la loi impose à la délégation du conseil général l'obligation de se réunir à la préfecture. Vous aurez donc à mettre à sa disposition un local convenable, tant pour la tenue des séances que pour l'installation des employés spéciaux qui lui seraient attachés.

Le conseil général peut, en effet, s'il le juge convenable, nommer un ou plusieurs employés rétribués sur les fonds départementaux et particulièrement chargés de préparer le travail de la commission. Il peut s'entendre aussi avec le préfet pour que tout ou partie de ce travail soit confié aux bureaux de la préfecture. Cette dernière combinaison aurait sans doute des avantages au point de vue financier. Si telles étaient les vues du conseil général de votre département, vous vous efforceriez sans doute d'en seconder la réalisation. Mais je ne me dissimule pas les obstacles qu'elle pourra rencontrer ; car, dans beaucoup de préfectures, le personnel des bureaux suffit à peine aux exigences du service ordinaire, et ce n'est qu'à la condition d'une rétribution supplémentaire, prélevée sur les fonds départementaux, qu'il pourrait supporter un surcroît de travail.

La question ne comporte donc pas de solution absolue : c'est, comme l'expose le rapport, « *une question pratique à débattre à l'amiable entre le conseil général et le préfet* ».

La commission départementale ne peut valablement délibérer que si *la majorité de ses membres* assiste à la séance. Comme pour le conseil général, la majorité se calcule d'après le nombre total des membres dont la commission doit se composer, en la supposant au complet. Mais, pendant le cours de la discussion, les mots : *majorité des membres* ont été substitués à ceux-ci : *la majorité plus un,* afin de bien établir que, si la commission se compose de cinq ou de sept membres, il suffira de la présence de trois ou quatre d'entre eux pour lui permettre de délibérer.

La majorité absolue des voix, calculée sur le nombre des membres présents, est également nécessaire pour l'adoption ou le rejet de toutes les propositions soumises à la commission départementale. En cas de partage, la voix du président est prépondérante. Enfin toutes les délibérations, comme celles du conseil général lui-même, seront inscrites sur un registre spécial, et elles devront, pour contenir la preuve de leur validité, mentionner les noms des membres présents à chaque séance.

Aucune disposition spéciale n'ayant ordonné la communication de ce registre à tout électeur, cette communication n'est pas obligatoire. Il dépendra de la commission de l'autoriser ou de la refuser.

La commission départementale doit, aux termes de l'article 73. s'assembler au moins une fois par mois ; mais il lui appartient de fixer elle-même l'époque et la durée des réunions. Il sera bon cependant, ainsi que l'a judicieusement demandé le rapporteur, que ces dates soient connues d'avance et publiées par les journaux du département, *dans l'intérêt des maires ou des autres citoyens qui auraient des explications à donner ou des réclamations à faire valoir.*

En dehors des réunions ordinaires, la commission peut toujours être convoquée soit par son président, soit par vous.

Les articles 74 et 75 n'appellent aucune explication.

Le premier déclare que tout membre de la commission qui, pendant deux mois consécutifs, s'absente des séances sans excuses légitimes, admises par la commission, est réputé démissionnaire. Je me réfère, à cet égard, aux observations que j'ai présentées sur l'article 19.

Quant à l'article 75, il prescrit la gratuité absolue des fonctions de membre de la commission départementale ; des longues et intéressantes discussions qui se sont engagées à ce sujet, il résulte que l'Assemblée a entendu écarter toute espèce de rémunération, indemnité de déplacement, jetons de présence, frais de représentation ou autres.

L'article 76, tel qu'il figurait au projet primitif, n'accordait au préfet le droit d'assister aux séances de la commission que lorsqu'il y était appelé ou qu'il exprimait le désir d'être entendu.

En adoptant, sur la demande du Gouvernement, la rédaction actuelle, l'Assemblée a voulu que le préfet, qui demeure chargé de l'instruction et de l'exécution des mesures d'intérêt départemental (art. 3), eût entrée à la commission comme il a entrée au conseil général.

Ce que j'ai dit plus haut de l'utilité de la participation

active du préfet aux travaux de l'assemblée départementale s'applique à la commission. En cas d'empêchement
personnel, vous êtes autorisé à vous faire suppléer par le
secrétaire général de la préfecture, mais il demeure essentiel que l'administration soit toujours représentée. Ce n'est
qu'à cette condition qu'il pourra s'établir entre le préfet
du département et les délégués du conseil général cette
confiance réciproque et cette communauté de vues qui im-
portent tant l'une et l'autre à l'intérêt public.

En ce qui concerne les rapports des chefs de service avec
la commission départementale, je me réfère à l'article 52,
dont l'article 76 (§ 2) est à peu de chose près la reproduction.

Pas d'observations sur l'article 84.

L'article 85 règle la marche à suivre en cas de désaccord
ou de conflit survenu entre la commission départementale
et le préfet.

Les dissentiments seront rares, je l'espère ; presque toujours ils porteront sur des questions peu importantes. L'exécution des résolutions de la commission départementale
pourra alors être suspendue, conformément au § 1er de
l'article 85, et l'affaire sera renvoyée à la plus prochaine
session du conseil général, qui appréciera.

Ce n'est que dans les cas tout à fait graves qu'il y aurait
lieu de réunir extraordinairement le conseil. Dans cette
hypothèse, vous auriez à en référer au Gouvernement, qui
seul a le droit de convocation, à moins que les deux tiers
des membres du conseil n'aient pris l'initiative d'une demande écrite, et que le président ne vous ait mis en demeure
de convoquer d'urgence, conformément à l'article 24.

Il vous appartient également, par application du deuxième
paragraphe de l'article 85, de provoquer un décret de convocation dans le cas où la commission départementale
excéderait ses pouvoirs.

§ 3. — CONFÉRENCES INTERDÉPARTEMENTALES.

La partie de la loi du 10 août 1871 qui se réfère aux
conférences interdépartementales n'ayant pas d'application
immédiate, je me réserve de vous en entretenir ultérieu-
rement, s'il y a lieu.

La présente circulaire complète la série des instructions
qu'exigeait la mise en pratique de la loi du 10 août. Elle
en est le commentaire loyal ; vous y trouverez la solution
des questions douteuses. Expression fidèle des volontés de
la loi, elle facilitera l'exercice des franchises nouvelles,

acquises désormais aux conseils généraux, tout en maintenant les droits nécessaires qui, dans une société libre, doivent appartenir au gouvernement.

Veuillez la mettre sous les yeux du conseil général.

Recevez, monsieur le préfet, l'assurance de ma considération très-distinguée.

Le ministre de l'intérieur, CASIMIR PÉRIER.

CIRCULAIRE

DE M. LE MINISTRE DES TRAVAUX PUBLICS.

M. le ministre des travaux publics a adressé, le 14 octobre 1871, à MM. les préfets, une circulaire pour l'exécution de la loi du 10 août, en ce qui concerne son département.

M. le ministre relève d'abord les inconvénients que présenterait l'exécution rigoureuse de la disposition d'après laquelle les conseils généraux peuvent enlever aux ingénieurs des ponts et chaussées le soin de construire et d'entretenir les routes départementales. Il s'agit de plus de 48,000 kilomètres de routes, d'une dépense de 30 millions par an et d'un personnel de plus de 2,000 conducteurs ou agents, indépendamment des ingénieurs. On ne pourrait, sans les plus fâcheuses conséquences, détruire tout à coup une organisation quasi séculaire qui a produit des résultats éminemment utiles au pays.

M. le ministre répond à deux objections tirées, l'une de ce que les ingénieurs n'apporteraient pas assez d'économie dans les constructions qu'ils ont à exécuter, l'autre de ce qu'en l'état d'achèvement des routes, les ingénieurs d'un mérite aussi élevé ne sont plus nécessaires pour le simple entretien de ces routes.

Sur la première objection, M. le ministre démontre que ce reproche n'a pas le moindre fondement, et que si l'on compare la dépense d'entretien des routes nationales et départementales avec celle des chemins vicinaux de toute classe, l'avantage est du côté des ingénieurs des ponts et chaussées. A l'égard de la deuxième objection, tirée du trop grand mérite des ingénieurs, M. le ministre dit qu'il

faudrait s'y arrêter, si le mérite devait augmenter la dépense;
autrement, et comme c'est l'inverse qui est vrai, le talent,
l'intelligence, le dévouement et l'intégrité ne peuvent pas
être une cause d'exclusion, à quelque nature de travail
qu'on doive les appliquer.

M. le ministre insiste surtout sur la perturbation que jet-
terait dans le corps des ponts et chaussées l'usage immédiat
sur une grande échelle de la faculté laissée par la loi aux
conseils généraux.

Cependant, M. le ministre ajoute que la loi doit être exé-
cutée; il invite MM. les préfets à mettre sous les yeux de
MM. les conseillers tous les documents propres à leur faciliter la résolution à prendre pour l'exercice du pouvoir que
leur donne la loi, en leur demandant surtout de se prononcer d'une manière explicite, afin que l'administration puisse
prendre des mesures pour le recrutement des agents nécessaires.

Rappelant les dispositions de l'instruction du 12 juillet
1817, sur les indemnités auxquelles les ingénieurs et les
agents sous leurs ordres avaient droit pour le service des
routes départementales, M. le ministre dit que, sans doute,
les prescriptions de cette circulaire ne sont pas obligatoires
pour les conseils généraux ; mais qu'il serait à désirer qu'ils
pussent adopter des conditions aussi semblables que possible, afin qu'en passant d'un département dans un autre,
les fonctionnaires et agents du service des routes départementales ne fussent pas soumis à un régime trop différent.

Ces points principaux ainsi examinés, M. le ministre
passe à des questions de détail.

D'après l'art. 46, nᵒˢ 6, 7 et 8 de la loi, les conseils généraux sont désormais compétents pour prononcer le classement ou le déclassement d'une route départementale, qu'elle
soit renfermée dans la circonscription ou qu'elle en excède
les limites. M. le ministre émet l'avis que la décision à
prendre dans ce dernier cas est subordonnée aux dispositions des art. 89 et 90 de la loi, et qu'elle ne peut devenir
définitive que lorsqu'elle aura été ratifiée dans les conférences qui devront avoir lieu entre les divers conseils
généraux intéressés.

M. le ministre invite les préfets à se concerter avec l'in-
génieur en chef, lorsqu'une décision sur ce point devrait
être prise, afin d'éclairer les commissions mixtes. Le vote
du conseil général qui le premier aura provoqué la mesure
devra être considéré comme nul et non avenu s'il n'est pas
ratifié par tous les conseils généraux intéressés.

Aux termes de la loi du 20 mars 1835, tout classement de route doit être précédé d'une enquête. M. le ministre dit que ni la loi de 1866, ni celle du 10 août 1871 n'ont rien changé à cette disposition. Il rappelle la circulaire du 4 août 1866 sur ce point.

Sur le n° 6 de l'art. 46, relatif aux projets des plans et devis de travaux à exécuter, pour la construction, la rectification ou l'entretien des routes départementales, M. le ministre fait observer que le conseil général statue sous la réserve de l'exécution des lois et règlements sur l'expropriation pour cause d'utilité publique.

M. le ministre ajoute que, d'après le changement fait dans l'art. 44 au projet de la commission, la loi du 3 mai 1841 reste obligatoire pour toutes les expropriations en matière de travaux des routes départementales.

M. le ministre termine sur ce point en disant que souvent la préparation et la mise à exécution des projets de routes, de certains ouvrages d'art soulèvent des questions très-délicates sur lesquelles il peut être infiniment utile de faire appel à l'expérience et aux lumières du conseil général des ponts et chaussées.

Le § 15 de l'art. 46, sur l'établissement et l'entretien des bacs et passages d'eau sur les routes et chemins à la charge des départements et sur la fixation des tarifs de péage, et l'art. 58, § 6, qui comprend parmi les recettes ordinaires du département le produit des droits de péage sur ces mêmes bacs et passages d'eau, ont donné lieu à des explications de la part de M. le ministre.

Il a dit d'abord que ces dispositions applicables aux routes départementales et, à la rigueur, aux chemins vicinaux de grande communication, ne peuvent s'appliquer aux chemins vicinaux d'intérêt commun, et les chemins ordinaires qui restent, pour leurs bacs et passages d'eau, sous l'empire de la loi de frimaire an VII. De même que la loi nouvelle n'a pas abrogé ni modifié les dispositions de loi qui régissent la matière, qu'en conséquence, toutes les fo's qu'il s'agira d'établir de nouveaux bacs et passages d'eau sur une route départementale ou sur un chemin de grande communication, le projet devra être soumis aux formalités tracées par la loi de frimaire an VII et par les instructions ministérielles, spécialement par la circulaire du 31 août 1852 ; et comme dans l'espèce il s'agit de travaux à exécuter sur les rivières ou canaux, les projets de ces travaux seront nécessairement préparés conformément aux règlements en vigueur par MM. les ingénieurs des ponts et chaussées chargés du service de la rivière ou du canal, qui proposeront en même temps le tarif de péage à percevoir.

Enfin, M. le ministre appelle, à l'égard de ces dispositions, l'attention des préfets sur l'obligation dans laquelle sera le département de rembourser à l'Etat la valeur du matériel affecté aux bacs et passages d'eau, sans préjudice des conditions particulières des baux d'adjudication. Cette valeur est établie au moment de l'adjudication, et en fin de bail, il est tenu compte à l'Etat, par le fermier sortant, de la moins-value sur la valeur primitive, augmentée de toutes les améliorations faites pendant la durée du bail.

MM. les ingénieurs devront, pour chacun des bacs et passages d'eau existant dans le département, présenter une estimation exacte de la valeur du matériel qui en dépend, « et cette estimation, après avoir été soumise à mon appréciation, dit M. le ministre, sera communiquée au conseil général, qui aura à prendre les mesures nécessaires pour en rembourser le montant au Trésor public ».

Du reste, pour les baux en cours, il faudra attendre que leur terme soit arrivé, et M. le ministre ajoute qu'il conviendra, à raison de la complexité des intérêts engagés dans les affaires de cette nature, que MM. les préfets veuillent bien lui adresser, dans le plus bref délai, les délibérations prises, en ce qui les concerne, par le conseil général.

DOCUMENTS ADMINISTRATIFS

ET

LISTE DES CONSEILLERS GÉNÉRAUX.

AIN.

Ancien pays Bressois, dépendant de la province de Bourgogne.

C. d'app., div. milit. et acad. de Lyon ; évêch. Belley. — 5 arrond. : Bourg, Belley, Gex, Nantua et Trévoux. — 35 cantons. — 450 communes. — Populat., 371,643 hab. — Superf., 574,582 hect.

BOURG, ch.-lieu. — *Préfet*, M. Rousseau.

7 députés : MM. Bernard (Charles), Brun (Lucien), Cottin (Paul), Germain, Mercier, Rive Francisque et Tiersot.

CONSEIL GÉNÉRAL

Bonnet à Poncin.	Guillon à Ceyzeriat.
Bouvier à Treffort.	Jonage (de) à Lagnieu.
Bracqui à Montluel.	Joly à Lhuis.
Buchet à Saint-Trivier-sur-Moignans.	Julien à Chalamont.
Chalez (Camille) à Virieu-le-Grand.	Lenon à Pont-de-Vaux.
Chanal (Jules) à Nantua.	Marion à Collonges.
Coyeugniot à Maximieux.	Mercier à Châtillon-de-Michaille.
Cyvoct (Fernand) à Belley.	Morcellet à Bourg.
D'Angeville à Hauteville.	Mornay (de) à Izernore.
David à Ferney.	Noviet à Pont-d'Ain.
Dombey à Pont-de-Veyle.	Pariset à Saint-Trivier-de-Courtes.
Ducher à Thoissey.	Passelac à Saint-Rambert.
Dufour à Montrevel.	Pochet à Champagne.
Dupuis à Oyonnax.	Reydellet à Brenod.
Germain à Châtillon-sur-Chalaronne.	Valentin Schmith à Villars.
Giguet (Honoré) à Seyssel.	Tavernest (de) à Bayé-le-Châtel.
Grosgurin à Gex.	Vicaire (Henri) à Ambérieu.
Guillot à Trévoux.	

AISNE.

Ancienne province de l'Ile-de-France.

C. d'app., Amiens ; div. milit., Châlons ; acad., Douai ; dioc., Soissons. — 5 arrond. : Laon, Château-Thierry, Soissons, Saint-Quentin et Vervins. — 37 cantons. — 837 communes. — Popul., 565,025 hab. — Superf., 735,774 hect.

LAON, ch.-lieu. — *Préfet*, M Audoy.

14 députés. — MM. Fouquet, Ganault, Godin, Leroux (Aimé), Malézieux, Soye, Tillancourt (de), Turquet, Villain, Waddington, Martin (Henri).

CONSEIL GÉNÉRAL.

Bailly-l'Hotte à Hirson.	Carrette à Coucy-le-Château.
Bigorgne à Château-Thierry.	Cattelain à Vassigny.
Bonnefoy des Aulnais à Condé.	Deviolaine à Oulchy-le-Château.
Boudet à Coligny.	Dutlié à Braisne.
Caffarelli (comte de) à la Capelle.	Dufrenoy à Craonne.

Gentillez à Marle.
Georges à Le Catelet.
Godin à Guise.
Graux à Neufchâtel.
Guay à Villers-Cotterets.
Lacroix à Chauny.
Lecoq à Condé.
Legry à Vailly.
Leroux à la Fère.
Martin (Henri) à Saint-Quentin.
Malézieux à Vermand.
Marsaux à Vic-sur-Aisne.
Merest à Rozoy-sur-Serre.
Parmentier à Nouvion.
Pille à Charly.

Quoquignon à Saint-Simon.
Rabelle à Anisy-le-Château.
Roques-Salvaza à Fère-en-Tardenois.
Saint-Vallier (de) à Sissonne.
Salleron à Soissons.
Soye à Aubenton.
Tiefaine à Ribemont.
Toflin à Bohain.
Trencart à Vervins.
Turquet à Sains.
Turquin à Crecy-sur-Serre.
Vaisse à Moy.
Vinchon à Laon.
Waddington à Neuilly-Saint-Front.

ALLIER.

Ancienne province du Bourbonnais.

C. d'app., Riom ; div. milit , Bourges ; acad., Clermont ; dioc., Moulins. — 4 arrond. : Moulins, Gannat, la Palisse et Montluçon. — 29 cantons. — 347 communes. — Popul., 376,464 hab — Superf., 742,272 hect.

MOULINS, ch.-lieu. — *Préfet*, M. de Fradel.

7 députés : MM. d'Aurelle de Paladines (général), Martenot, de Montaignac (amiral), Montlaur (marquis de), Patissier (Sosthène), Riant (Léon), Méplain.

CONSEIL GÉNÉRAL.

Adrian à Gannat.
Baillon à Chevagnes.
Bounaud à Saint-Pourçain.
Bruel à Moulins (ouest).
Chambon à Escurolles (démissionnaire).
Chantemerle (de) à Jaligny.
Chantemille à Montluçon (est).
Cornil à Cusset.
Courtois (le général) à Montmorault.
Datas à Moulins (est).
Dereure à la Palisse.
Desarmenier à Marc llat.
Desbordes à Bourbon-l'Archambault.
Deschamps de Verneix à Hérisson.

Fayolle-Sommerat à Montluçon (ouest)
Fould (Edouard) à Huriel.
Foulenay (de) à Cérilly.
Gallay (Georges) à Donjon.
Gay à Dompierre.
Huet-Lamotte à Mayet-de-Montagne.
Jardel à Varennes-sur-Allier.
Labruyère au Montet.
Lesbre à Ebreuil.
Martenot à Commentry (annulé).
Patissier à Souvigny.
Philippon à Huriel.
Saulnier à Neuilly-le-Réal.
Thuret à Lurcy-Lévy.
Villaine (de) à Chantelle.

ALPES (BASSES).

Formé de partie de la Provence, du territoire d'Avignon et du comtat Venaissin.

C. d'app. et acad. d'Aix ; div. milit. de Marseille ; dioc. de Digne. — 5 arrond. : Digne, Barcelonnette, Castellanne, Forcalquier et Sisteron. — 30 cantons. — 208 communes. — Popul., 143,000 hab. — Superf., 690,949 hect.

DIGNE, ch.-lieu. — *Préfet*, M. Girard de Rialle.

3 députés : MM. Allemand, Duchaffault, Michel.

CONSEIL GÉNÉRAL.

Allemand à Riez.
Arnaud à Castellanne.

Barbaroux à Colmars.
Bouteille à Manosque

Carbonnel à Moustiers.
Clapier à Allos.
Clément à Banon.
Debout à Forcalquier.
Donnet à Lamotte.
Eyraud à Noyers.
Eyssautier à Turriers.
Fruchier à Mezel.
Gariel à Saint-Paul.
Gassier (père) au Lauzet.
Gassier (fils aîné) à Barcelonnette.
Guibert à Valmole.
Honorat à Saint-André-de-Meouilles.

Marcellin à Entrevaux.
Michel à Seyne.
Paulon à Volonne.
Rabier du Villars à Annot.
Retz (de) à Saint-Etienne.
Richaud aux Mées.
Auguste Robert à Sisteron.
Roustan à Barême.
Roustan à Peyruis.
Salve à Reillanne.
Silve à la Javie.
Soustre à Digne.
Tartanson à Senez.

ALPES (HAUTES-).

Ancienne province du Dauphiné.

C. d'app., acad. et div. milit. de Grenoble ; évêch. à Gap. — 3 arrond. : Gap, Briançon et Embrun.—24 cantons.—189 communes. — Popul. 122,447 hab. Superf. 553,418 hect.

GAP, ch.-lieu. — *Préfet,* M. Cyprien Chaix.

2 députés : MM. Cezanne, de Ventavon.

CONSEIL GÉNÉRAL.

Amat à Tallard.
Augier à Barcelonnette.
Bayle à Embrun.
Berthelot à Guillestre.
Blanc (Xavier) à Saint-Etienne-en-Devoluy.
Bontoux à Gap.
Chancel (Paul) à Briançon.
Chauvet à Ribiers.
Delamorthe Félines à Serres.
Faure à Rosans.
Grimaud à Saint-Bonnet.
Lachaud à Aspres-les-Veynes.

Laurençon au Monétier.
Liotard à Saint-Firmin.
Lombard à Orpierre.
Margot-Duclos à l'Argentière, annulé.
Nicolas (Jules) à Orcières.
OEuf à Aiguilles.
Pruniers (de) à Chorges.
Rozan à la Grave.
Theus à Savines.
Ruelle à Veynes.
Tanc à la Batie-Neuve.
Ventavon (de) à Laragne.

ALPES-MARITIMES.

Formé de l'ancien comté de Nice.

C. d'app. et acad. d'Aix ; div. milit. Marseille ; évêch. à Nice. — 3 arrond. : Nice, Grasse et Puget-Theniers. — 25 cantons. — 447 communes. — Popul. 198,848 hab. — Superf. 383,900 hect.

NICE, ch.-lieu. — *Préfet,* M. de Villeneuve-Bargemont.

4 députés : MM. Bergondi, Lefèvre (Henri), Maure (docteur) et Piccou.

CONSEIL GÉNÉRAL.

Bergondi à Saint-Sauveur.
Borriglione à Sospel.
Chiris à Saint-Auban.
Duraudi à Guillaume.
Escoffier à Roquesteron.
Feraud à Saint-Etienne.
Féraud à Vence.
Focachon à Coursegoules.

Gauthier (Paul) à Contes.
Gilly à Nice (ouest).
Leotard à Villars.
Malaussena à Levens.
Maure à Saint-Vallier.
Médecin à Menton.
Mero à Cannes.
Mougens-Roquefort (de) au Bar.

Manuel C. G.   7

Navello à Utelle.
Pollonais à Villefranche.
Raynaud à Nice (est).
Reibaud à Antibes.
Reybaud-Papon à Puget-Theniers.

Roissard de Bellet à Saint-Martin-Lantesque.
Roubaud à Grasse.
Toesca à Breil.
Vedel à Escarène.

ARDÈCHE.

Formé de l'ancien pays du Vivarais et partie de celui des Vans.

C. d'app. de Nîmes; div. milit. de Lyon ; acad. de Grenoble; dioc. de Viviers, 3 arrond. : Privas, Largentière et Tournon. — 34 cantons. — 339 communes. — Popul. 387,474 hab. — Superf. 550,004 hect.

PRIVAS, ch.-lieu. — *Préfet*, M. Doncieux.

8 députés : MM. Broët, Chaurand (baron), Combier, Destremx, Rampon (comte de), Rouveure, Seignobos et Tailhaud.

CONSEIL GÉNÉRAL.

Abrial à Saint-Martin de Valamas.
Astier à Bourg-Saint-Andréol.
Aurenge à Aubenas.
Blou (de) à Thueyts.
Buisson à Satellieu.
Bernardy à Burzet.
Blachère à Largentière.
Boissy-d'Anglas à Sainte-Agrève.
Carlé a Viviors.
Chalamet à Vernon.
Chapuis à Annonay.
Clausel à Saint-Pierreville.
Combier à Chomérac.
Durand au Cheylard.
Pougeirolles à Privas.
Gailly à Charleville.

Gleizal à Antraigues.
Hilaire à Coucouron.
Lagère à Valgorge.
Lauriol à Vallon.
Marmey à Lavoulte.
Mathieu à Saint-Etienne de Lugdarès.
Michelon à Rochemaure.
Odilon-Barrot aux Vans.
Rampon (le comte) à Tournon.
Roustain à Villeneuve-de-Berg.
Roux à Serrières.
Saint-Prix à Saint-Péray.
Seignobos à Lamastre.
Tailhan à Montpezat.
Vaschald à Joyeuse.
Vitrolles (de) à Saint-Félicien.

ARDENNES.

Ancienne province de la Champagne.

C. d'app. de Douai ; div. milit. de Châlons ; acad. de Douai ; arch. de Reims. — 5 arrond. : Mézières, Rethel, Rocroi, Sedan et Vouziers. — 31 cantons. — 478 communes. — Popul. 326,864 hab. — Superf. 523,242 hect.

MÉZIÈRES, ch.-lieu. — *Préfet*, M. Tirman.

6 députés : MM. Béthune (comte de), Chanzy (général), Gailly, Philippoteaux, Ternaux-Mortimer, Toupet des Vignes.

CONSEIL GÉNÉRAL.

Barrachin à Signy-le-Petit.
Baudet à Fumay.
De Bethune à Mézières.
Bichet à Monthermé.
Chanzy (le général) à Vouziers.
Cobron à Buzancy.
Cunin-Gridaine (Charles) à Sedan (sud).
David Bacot à Sedan (nord).
Doury à Montbois.
Doury (Alfred) à Juniville.

Duprez à Mouzon.
Gouteur à Asfeld.
Hablot à Carignan.
Hannonet à Omont.
Joly-Braconnier à Château-Porcien.
Lambert-Hettier à Signy-l'Abbaye.
Larmoyer à Tourteron.
Lefevre au Chesne.
Levcourt (de) à Rancourt.
Lesure à Attigny.
Maigret à Flize.

Millard à Novion-Porcien.
Neveux à Rocroi.
Noël à Machiault.
Péronne à Grandpré.
Phelippeaux à Rethel.

Sené à Chaumont-Porcien.
Speckahn à Renwez.
Tharel à Rumigny.
Toupet des Vignes à Givet.

ARIÉGE.

Formé du Causerans, du pays de Foix et d'une partie du Languedoc.

C. d'app. et acad. de Toulouse, div. milit. de Perpignan ; évêch. à Pamiers. — 3 arrond. : Foix, Pamiers et Saint-Girons. — 20 cantons. — 335 communes. — Popul. 250,136 hab. — Superf. 478,404 hect.

Foix, ch.-lieu. — *Préfet*, M. Burin du Buisson.

5 députés : MM. Aclocque, Noailhan (comte de), Roquemaurel (de), Saintenac (vicomte de), Vidal (Saturnin).

CONSEIL GÉNÉRAL.

Auzies à Massat.
Bellissen (de) à la Bastide-de-Sérou.
Bonnans aux Cabannes.
Campoussy (de) à Querigut.
Delcurroux à Vicdessos.
Doumenjou à Tarascon.
Foix (le vicomte de) à Sainte-Croix.
Frézoul à Varilhes, annulé.
Léopold de Gaillard au Fossat.
Hoquetis à Saverdun.

Laborde à Foix.
Noilhan (de) fils à Saint-Lizier.
Persac (de) à Castillon, annulé.
Portet à Lavelanet.
Rivière (Benjamin) à Ax.
Sans (Emile) au Mas-d'Azil.
Sentenac à Saint-Girons.
Vernon à Oust.
Vigarosy à Mirepoix.
Vignes à Pamiers.

AUBE.

Ancienne province de la Champagne.

C. d'app. de Paris, acad. de Dijon, div. milit. de Paris, évêch. à Troyes. — 5 arrond. : Troyes, Arcis-sur-Aube, Bar-sur-Aube, Bar-sur-Seine, Nogent-sur-Seine. — 26 cantons. — 446 communes. — Popul. 261,951 hab. — Superf. 610,608 hect.

Troyes, ch.-lieu. — *Préfet*, M. de Tracy.

5 députés : MM. Blavoyer, Casimir Périer, Gayot (Amédée), Lignier, Parigot.

CONSEIL GÉNÉRAL.

Bauffremont (prince de) à Brienne.
Bertherand à Essoyes.
Bonamy de Villemereuil à Bouilly.
Casimir Perier à Nogent-sur-Seine.
Costel à Estissac.
Douine à Troyes (1er canton).
Doyen à Chaource.
Grosjean à Mussy.
Harmand (le comte) à Arcis-sur-Aube.
Henri à Riceys.
Huot à Troyes (3e canton).
Leufant à Romilly.
Lignier à Ramerupt.
Masson à Pincy.

Masson de Morfontaine à Bar-sur-Aube.
Mesgriny (de) à Lusigny.
Mocqueris à Aix-en-Othe.
Parigot à Troyes (2e canton).
Perret à Marcilly-le-Hayer.
Prudhomme à Méry-sur-Seine.
Ricard à Ervy
Roy à Villenaux.
Thierry Delanoue à Soulaines.
Trumet de Fontarce à Bar-sur-Seine.
Vauchelet à Chavanges.
Vendeuvre (baron de) à Vendeuvre.

AUDE.

Ancienne province du Languedoc.

C. d'app. et acad. de Montpellier, div. milit. de Perpignan, évêch. à Carcassonne. — 4 arrond. : Carcassonne, Castelnaudary, Limoux et Narbonne. — 31 cantons. — 435 communes. — Pop. 288,626 hab. — Sup. 631,626 hect.

CARCASSONNE, ch.-lieu. — *Préfet,* M. Oustry.

6 députés : MM. Brousses, Buisson (Jules), de Guiraud (Léonce), Lambert de Sainte-Croix, Mathieu de la Redorte (comte), Treville (comte de).

CONSEIL GÉNÉRAL.

Albert au Mas-Cabardès.
Anduze (Lazare) à Chalabre.
Bauzil à Conques.
Beraldi à Salles-sur-l'Hers.
Berlioz à Lagrasse.
Brousse à Limoux.
Cahusac (Henri de) à Belpech.
Costes à Capendu.
Castel à Saint-Hilaire.
Coural à Narbonne.
Daston de Villeghan à Alaigne.
Fondi de Niort à Belcaire.
Garric à Castelnaudary (nord).
Gleizes à Fanjeaux.
Grilliers à Montréal.
Grimes à Peyriac-Minervois.

Lades-Gout à Saissac.
Lignières à Durban.
Marcou à Carcassonne (ouest).
Marian à Castelnaudary (sud).
Mècre à Monthoumet.
Montpellier à Axat.
Myrza-Narbonne à Ginestas.
Papinaud à Goursan.
Peyronnet à Lezignan.
Rocher à Couiza.
Rolland à Tuchon.
Sabran-Ponteves (de) à Sijean.
Teisseire à Carcassonne (est).
Violette à Alzonne.
N.

AVEYRON.

Formé du Rouergue.

C. d'app. de Montpellier, acad. de Toulouse, div. milit. de Montpellier, évêch. à Rodez. — 5 arrond. : Rodez, Espalion, Millau, Saint-Affrique et Villefranche. — 35 cantons. — 242 communes. — Populat. 400.070 hab. — Superf. 882,471 hect.

RODEZ, ch.-lieu. — *Préfet,* M. Cottu.

8 députés : MM. Barascud, Boisso, Bonald (vicomte de), Delsol, Desseilligny, Lortal, Pradié, Valady (de).

CONSEIL GÉNÉRAL.

Alary à Naucelle.
Alaux à Estaing.
Augé à Saint-Sernin.
Azemar à Marcillac.
Baduel (Alexandre) à Lagniole.
Baduel (Léon) à Saint-Chély.
Balzac (de) à Sauveterre.
Barascud à Saint-Affrique.
Bec à Saint-Rome-de-Tarn, annulé.
Bonald (de) à Peyreleau.
Bousquet à Saint-Geniez.
Briguiboule à Camaros.
Bru à Salles-Curau, annulé.
Brunet à Rignac.
Caussanel à Rieupeyroux.

Cibiel (Alfred) à Villefranche.
Clauzel de Coussergues à Laissac.
Delsol à Conques.
Desseilligny à Aubin.
Jalabert à Saint-Amans.
Jausion à Bozouls.
Jugla à Saint-Rome-de-Tarn.
Laurens à Najac.
Maruejouls à Villeneuve.
Mayran à Espalion.
Médal à Asprières.
Mignonac à Cassagnes-Begonhès.
Monseignat à Rodez.
Oustry à Montbazens.
Ouvrier à Mur-de-Barrez.

Puech à Requista.
Rodat à la Salvetat.
Rouquette à Nantes.
Rouquette (Théophile) à Belmont.
Roux de Madignac à Vezins.
Rozier à Saint-Beauzély.
Saint-Urbain (de) à Campagnac.

Sarrus (Frédéric) à Cornus.
Seiguret Salars.
Trémolet à Séverac-le-Château.
Valadier à Sainte-Geneviève.
Valady à Entraygues.
Villa à Millaud.

BOUCHES-DU-RHONE.

Formé de partie de la Provence, du territoire d'Avignon et du comtat Venaissin.

C. d'app. et acad. d'Aix, div. milit. de Marseille, archév. à Aix.— 3 arrond.: Marseille, Aix et Arles. — 27 cantons. — 107 communes. — Population 547,903 hab. — Superf. 604,960 hect.

MARSEILLE, ch.-lieu. — *Préfet*, M. Kératry.

14 députés : MM. Amat, Esquiros, Lanfray, Pelletan, Tardieu, Gambetta, Fraissinet, Clapier, Laurier, Héricis, Rouvier.

CONSEIL GÉNÉRAL.

Abram à Roquevaire.
Alexis à Aix (nord).
Alphandery (Fernand) à Orgon.
Baragnon à la Ciotat.
Barne à Marseille (3e canton).
Barthélemy (le marquis de) à Aubagne.
Bédarrides à Aix (sud).
Bertin à Salon, annulé.
Borde à Trest.
Bouchet à Marseille (5e canton).
Bouquet à Lambesc.
Bournat à Peyrolles.
Bory à Martigues.
Carleux à Marseille (1er cant.), démiss.

Castillon à Berre.
Chabert (de) à Châteaurenard.
Goutrier à Gardanne.
Clair à Saintes-Marie.
Dupont à Marseille (4e canton).
Guiran à Istres.
Labadie à Marseille (2e canton).
Martin (Jacques) à Arles (ouest).
Mistral fils à Saint-Remy, annulé.
Monge à Tarascon.
Monier fils à Eyguières.
Tardieu à Arles (est).
Teissère à Marseille (6e canton).

CALVADOS.

Ancienne province de Normandie.

C. d'app. et acad. de Caen, div. milit. de Rouen, évêch. à Bordeaux.—6 arrond.: Caen, Bayeux, Falaise, Lisieux, Pont-Lévêque et Vire. — 37 cantons. — 594 communes. — Popul. 430,992 hab. — Superf. 474,909 hect.

CAEN, ch.-lieu.— *Préfet*, M. Ferrand.

9 députés : MM. de Balleroy, Bertauld, Bocher, Delacour, Delorme, Harcourt (duc de), Saint-Pierre (de), Tarjet, Witt (Cornélis de).

CONSEIL GÉNÉRAL.

Balleroy (de) à Balleroy.
Beaujour à Tilly-sur-Seulles.
Bellencontre à Falaise (sud).
Blanchard (le général) à Morteau-Coulibœuf.
Bonnefons à Evrecy.
Bourdon à Lisieux (1er canton).
Champin à Mézidon.
Chenedollé (de) à Vassy.
Clostières (des) à Ryes.
Delacourt à Creully.

Desloges à Troarn.
Douesnel à Caumont.
Duchêne-Fournet à Lisieux (2e canton).
Esnault à Falaise (nord).
Féron à Villers-Bocage.
Gillotin à Blangy.
Hacqueville (d') à Orbec.
Hattier à Douvres.
Hautpoul (le comte d') à Pont-l'Evêque.
Langlois à Isigny.
Larturière (de) à Vire.

Le Prestre à Bourguébus.
Luard à Honfleur.
Lyé de Belleau (de) à Livarot.
Nivbey à Bayeux.
Paris à Dozulé.
Paulmier à Bretteville-sur-Laize.
Paulmier à Caen (est).
Petit-Ville (de) à Saint-Sever.
Picard (Arsène) à Beny-Bocage.

Pierre (de) à Trevières.
Pontécoulant (de) à Condé-sur-Noireau.
Roullant à Caen (ouest).
Saint-Jean à Thury-Harcourt.
Saint-Pierre (de) à Aunay.
Toutain à Saint Pierre-sur-Dives.
Witt (de) à Cambremer.

CANTAL.

Formé de l'Auvergne et du Vélay.

C. d'app. de Riom, acad. de Clermont, div. milit de Clermont-Ferrand, évêch. à Saint-Flour. — 4 arrond. : Aurillac, Mauriac, Murat et Saint-Flour. — 23 cantons. — 260 communes. — Popul. 237,994 hab. — Sup. 574,081 hect.

AURILLAC, ch.-lieu. — *Préfet*, M. de Chazelles.

5 députés : MM. Bastid (Raymond), Castellane (marquis de), Durieu, Murat-Sistrière, Salvy.

CONSEIL GÉNÉRAL.

Abrial à Chaudesaignes.
Allègre à Ruines.
Bonnet (Louis) à Allanche.
Brugerolles à Massiac.
Cabanes à Laroquebrou, annulé.
Cabanes (Léon) à Saint-Mamet.
Castellane (marquis de) à Marcenat.
Cavaroc à Vic sur-Cère.
Daudé à Saint-Flour (sud).
Gibert à Pierre Fort.
Jalenquès à Maurs.
Laforce (de) à Des Champs.
Maisonnoble à Aurillac (nord).

Murat (de) à Riom.
Odon-Perrier à Mauriac.
Oudoul à Saint-Flour (nord).
Pagès à Pleaux.
Parieu (de) à Aurillac (nord).
Picou à Montsalvy.
Raymond-Bastid à Saint-Cernin.
Ribier (Réné de) à Saignes.
Robuste fils à Villebois la-Valette.
Rolland à Salers.
Teissèdre (Henri) à Murat.
Trignac à Pierrefort.

CHARENTE.

Formé de l'Angoumois et d'une partie de la Saintonge.

C. d'app. de Bordeaux, acad. de Poitiers, div. milit. de Bordeaux, évêch. à Angoulême. — 5 arrond. : Angoulême, Barbezieux, Cognac, Confolens et Ruffec — 29 cantons. — 1026 communes. — Popul. 378,248 hab. — Sup. 588,803 hect.

ANGOULÊME, ch.-lieu. — *Préfet*, M. Poubelle.

7 députés : MM. André, Boreau-Lajanadie, Champvallier (de), Ganivet (Alban), Marchand, Martell, Mathieu-Bodet, Peconnet.

CONSEIL GÉNÉRAL.

Adhemar Sazerac à Blanzac.
André à Aigre.
Barraud à Larochefoucauld.
Bouniceaux-Gesmon à Saint-Amand-de-Boixe.
Bouraud à Segonzac.
Bourdier-Lanauve à Montmoreau.
Bourgade (de) à Montembœuf.

Champvallier (de) à Villefaguan.
Daguerre à Aubeterre.
Delafaille du Bourgeois à Brossac.
Duclaud à Confolens (sud).
Ducoudert à Chabanais.
Gaillard à Barbezieux.
Gueslin à Châteauneuf.
Hémery (d') à Ruffec.

Lajeunie à Chalais.
Loiseau de Grandmaison à Champagne-Mouton.
Mallard à Confolens (nord).
Marchand à Saint-Claud.
Marrot à Angoulême (2e canton).
Martell à Cognac.
Mathieu-Bodet à Hiersac.

Moslier à Baignes-Sainte-Radegonde.
Plantevigne à Rouillac.
Rambaud de Larocque à Jarnac.
Sazerac (Paul) à Angoulême (1er canton).
Thiac à Mansie.
Valantin Dulac à Montbron.

CHARENTE-INFÉRIEURE.

Formé de l'Aunis et de partie de la Saintonge.

C. d'app. de Poitiers, div. milit. de Bordeaux, évêch. à la Rochelle.— 6 arrond.: la Rochelle, Jonzac, Marennes, Rochefort, Saintes et Saint-Jean-d'Angely. — 40 cantons. — 479 communes. — Pop. 479,559 hab. — Sup. 716,844 hect.

LA ROCHELLE, ch.-lieu.— *Préfet*, M. Tenaille-Saligny.

10 députés : MM. Bethmont, Chasseloup-Laubat (marquis de), Denfert (colonel), Duchatel (comte), Dufaure (Jules), Eschasseriaux (baron), Mestreau, Rivaille (Arthur), Roy de Loulay, Vast-Vimeux (baron).

CONSEIL GÉNÉRAL.

Barbedette à la Rochelle (est).
Bollinet à Saint-Savinien.
Boisgiraud à Gémozac.
Bonnet à Montguyon.
Bouyer à Burie.
Chevalier à Saint-Agnant.
Chevalier (Léon-Élysée) à la Tremblade.
Clarade à Saint-Jean-d'Angely.
Coindreau à Jonzac.
Cordier à Saint-Gildas-des-Bois.
Cotard à Saint-Hilaire.
Dampierre (de) à Saint-Genis.
Daussy à Saint-Porchaire.
Du Châtel (le comte) à Mirambeau.
Dufaure à Cozes.
Dussault à Tonnay-Boutonne.
Dutouquet à Rochefort (sud).
Elie à Montlieu.
Emmery à la Rochelle (ouest).
Eschassériaux à Saintes (sud).

Finot à Ars.
Fournier à la Jarrie.
Garnier à Royan.
Lacour fils à Aulnay.
Larcinty (de) à Courçon.
Larquier à Archiac.
Lemercier (Anatole) à Saintes (nord).
Marchand à Montendre.
Mestreau à Saujon.
Normand à Saint-Pierre.
Omer-Charlet à Château.
Renault à Tonnay-Charonte.
Rionand à Pons.
Rivaille à Saint-Martin (île de Ré).
Rodier à Marans.
Roussay à Matha.
Roy de Loulay à Loulay.
Saugé à Surgères.
Senne (Léon) à Marennes.
Vast-Vimeux à Aigrefeuille.
Vezin à Saint-Nazaire.

CHER.

Formé d'une partie du Berry.

C. d'app. et div. milit. de Bourges ; acad. de Paris ; évêch. à Bourges. — 3 arrond. : Bourges, Saint-Amand et Sancerre. — 29 cantons. — 291 communes. — Popul., 336,613 hab. — Superf., 719,834 hect.

BOURGES, ch.-lieu. — *Préfet*, M. de Flavigny.

7 députés : MM. Amy, Chabaud-Latour (de), Duvergier de Hauranne, Fournier (Henri), Gallicher, Jaubert (comte), Vogué (marquis de).

CONSEIL GÉNÉRAL.

Achet aux Aix.
Aremberg (le prince d') à Saint-Martin-d'Axigny.

Aubertot à Lury.
Aubineau à Gracay.
Berthellot à Saucoins.

Bidault à Saulzais.
Boin à Dun-le-Roi.
Brisson à Charost.
Brisson à la Guerche.
Chaband-Latour (fils) à Sancerre.
Desforges à Argent.
Devoucoux à Bourges.
Duvergier de Hauranne (Emmanuel) à Sancergues.
Flain à Aubigny.
Fournier à Levet.
Girault à Saint-Amand.
Gohin au Chatelet.

Guenin à Châteauneuf.
Lefèvre à Vailly.
Monnier Vierzon.
Montsaulnin (de) Nérondes.
Perussault à Henrichemont.
Pillevuyt à Mehun-sur-Yèvre.
Porcheron à Lignières.
Rivière (de) à Charenton.
Rousseau à Baugy.
Touratou à Châteaumeillant.
Tureaux (des) la Chapelle-d'Angillon
Vogué (comte de) à Léré.

CORRÈZE.

Formé du haut et du bas Limousin.

C. d'app. de Limoges ; acad. de Clermont ; div. milit. de Limoges ; évêch. à Tulle. — 3 arrond. : Tulle, Brives et Ussel. — 29 cantons. — 286 communes. — Popul., 310,448 habit. — Superf., 594, 843 hect.

TULLE, ch.-lieu.— *Préfet*, M. de Langsdorf.

6 députés : **MM.** Arfeuillères, Billot (général), Jouvenel (baron de), l'Ebraly, Lestourgie, Rivet.

CONSEIL GÉNÉRAL.

Arfeuillère à Sornac.
Bessol (de) à Beaulieu.
Brageille (fils) à Beynat.
Braquillange (de) à Egletons.
Breton à Vigeois.
Brunet à Lubersac.
Calary à Neuvic.
Decoux-Lagoutte à Treignac.
Deschamps-Mavallier.
Duimet à Meyssac à Uzerche.
Ebraly à Ussel.
Floucaud-Péuardille à Tulle (nord).
Godin de Lépinay à Larche.
Gouyon à Juillac.
Lafond de Saint-Mur à Laroche-Canillac.

Lasteyrie (Ferdinand de) à Donzenac.
Latrade à Ayen, annulé.
Lestourgie à Argentat.
Longy à Eygurande.
Maison à Meymac.
Manilève à Saint-Privat.
Mons à Sailhac.
Pavrical de Chamardà Tulle (sud)
Rivet à Brive.
Roëhe à Lapleau.
Roudier à Mercœur.
Terriou à Corrèze.
Teissier à Bort.
Theyssier à Bugeat.

CORSE.

Formé de l'île de ce nom.

C. d'appel à Bastia ; acad. d'Aix ; div. milit. de Bastia ; évêch. à Ajaccio. — 5 arrond. : Ajaccio, Bastia, Calvi, Corte et Sartène. — 62 cantons. — 362 communes. — Popul., 259,861 hab. — Superf., 374,714 hect.

AJACCIO, ch.-lieu.— *Préfet*, M. Dauzon.

5 députés : **MM.** Abbatucci (Séverin), Conti, Galloni d'Istria, Gavini, Limpérani.

CONSEIL GÉNÉRAL.

Abbatucci (le général) à Ziccave.
Arrighi à Corte.
Arrighi (Paul) à Muro.
Bartholi à Calvi.
Benedetti à Piedicroce.

Brignole à Cervione.
Casabianca à Petreto-Biochisano.
Casabianca (Xavier de) à Bastia-Terra-Vecchia.
Casta à Santo-Pietro.

Cazale à Oletta.
Colonna Hercule à Ghisoni.
Carlotti à Serraggio.
Conti à Santa-Maria-Liche.
Corsi (de) à Pero-Casevecchie.
Costa à Bastelica.
Curnéo d'Ornano à Sarrolo-Carcopino.
Fabiani à Calenzana.
Fabien Cunéo à Salice.
Farendini à Omessa
Franceschini Pietri à Ile-Rousse.
Gaudin à San-Martino-di-Lota.
Gavini (Denis) à Bastia-Terra-Nova.
Gentile à Nonza.
Giovanetti (de) à Rogliano.
Giovaninelli à Morosaglia.
Giudicelli à Olmi-Cappella.
Grimaldi à Calacuccia.
Grimaldi à Castifao.
Grimaldi à Lama.
Jusini (Joseph) à Serra di Icopameno.
Laurelli à Prunelli.
Limperani à Vescovato.
Massoni (l'abbé, à Valle.
Marchiatti (l'abbé) à Levie.
Moratti (Jean-Pierre) à Borgo.

Matra à Moita.
Montepagano à Bonifacio.
Morati (Maxime) à Saint-Florent.
Morati (Tiburce de) à Murato.
Multedo (fils) à Vico.
Napoléon Bonaparte (le prince) à Ajaccio, démissionnaire.
Ortoli à Santa Lucia di Tallano.
Paoli à Piedicorte.
Peretti à Olmetto.
Pietry à Sartène.
Pittiferaudi à Pietra.
Poli à Portovecchio.
Pozzo di Borgo à Boccognano.
Pozzo di Borgo (François) à Loccia.
Pozzo di Borgo à Luzi.
Pugliesi à Sari d'Orcino.
Salvarelli à Saint-Laurent.
Sampiero Gavini à Campile.
Spinosi à Piana.
Simonetti-Malaspina à Belgodère.
Tiberi à Sermeno.
Valery à Brando.
Versigni à Evisa.
Vittini à Porta.

COTE-D'OR.

Ancienne province de Bourgogne.

C. d'app. et acad. à Dijon; div. milit. de Besançon; évêch. à Dijon, — 4 arrond. : Dijon, Beaune, Châtillon-sur-Seine et Semur. — 36 cantons. — 717 communes. — Popul., 382,762 hab. — Superf., 876,956 hect.

DIJON, ch.-lieu. — *Préfet*, M. de Brancion.

8 députés : MM. Carion, Carnot fils, Dubois, Joigneaux, Lévêque, Magnin, Mazeau, Moreau.

CONSEIL GÉNÉRAL.

Ally à Grancey.
Amiel à Seurre.
Barberod à Nuits.
Benoist à Flavigny.
Bordet (Louis) à Recey-sur-Aube.
Bordet (Henri) à Montigny.
Bornier à Fontailles-sur-Saône.
Coustirier à Baigneux-les-Juifs.
Cunisset à Pouilly.
Brulet à Is-sur-Tille.
Bouchard à Beaune (nord).
Barcy à Mirabeau.
Coquegniot à Nolay.
Dubois à Arnay-le-duc.
Enfert à Dijon (est).
Garnier à Auxonne.
Gleize à Dijon (nord).
Joigneaux à Beaune (sud).

Joigneaux à Précy-sous-Thil.
Joubaire à Corlay.
Lacoste à Villeaux.
Lapeyrouse à Châtillon-sur Seine.
Lévêque à Saint-Seine-l'Abbaye.
Louest à Semur.
Magnin à Saint-Jean-de-Losne.
Mairet à Gaulis.
Mairet à Sombernon.
Morris à Aigues.
Mazeau à Gevrey-Chambertin.
Meuniot à Saulieu.
Misser à Aignay le-Duc.
Muteau à Selongey.
Perdrix à Fontaine-Française.
Piot à Montbard.
Robelin à Dijon (ouest).

COTES-DU-NORD.

Ancienne province de la Bretagne.

C. d'app. et acad. de Rennes ; div. milit. de Rennes ; évêch. à Saint-Brieuc. — 5 arrond. : Saint-Brieuc, Dinan, Guingamp, Lannion et Loudeac — 48 cantons. — 384 communes. — Popul., 641,210 hab. — Superf., 688,332 hect.

SAINT-BRIEUC, ch.-lieu. — *Préfet*, M. Fouché de Careil.

13 députés : MM. Allenou, Bois-Boissel (comte de), Carré-Kerisouet, Champagny (vicomte Henry de), Depasse, Flaud. Foucaud (de), Janzé (de), Huon de Pennanster, Largentaye (de), Lorgoril (vicomte de), Saisy (Hervé de), Treveneuc (comte de).

CONSEIL GÉNÉRAL.

Allenou à Uzel.
Aribard à Evran.
Armet de Lisle à Plouha.
Armez à Paimpol.
Babeyre de Lanlay à Rostrenen.
Barbé Guillard à Saint-Souan-de-l'Isle.
Cargouët (de) à Colline.
Carné (de) à Broons.
Champagny (vicomte de) à Perros-Guirec.
Corbel à Chatelaudren.
Daniel (Hippolyte) à Goudrec.
Daramon à Bourbriac.
Depasse à Lannion.
Dubreil de Pontbriand à Matignon.
Duval à Lanvollon.
Even à Plouaret.
Flaud à Dinan (ouest).
Foucaud (de) à Moncontour.
Gagon à Plelan-le-Petit.
Gaultier du Mottay à Saint-Brieuc (nord).
Guebriant (de) à Plouagat.
Guepin à Plœuc.
Guézennec à Lezardrieux.
Haugoumar à Lamballe.
Homery à Ploubalay.

Huon à Guingamp.
Huon de Penanster à Plestin.
Jaille (de la) à Callac.
Janzéac (de) à Loudéac.
Kerigant (de) à Quintin.
Kerisouët (Carré Ernest) à Merdrignac.
Kerisouët (Carré Louis) à la Chèze.
Le Cerf (Alfred) à Mûr.
Le Gac à Treguier.
Le Gall la Salle à Pleneuf.
Le Gorrec à Pontrieux.
Le Prevost de Launay à la Roche-Derrien.
Liegeard (le général de) à Maël-Carhaix.
Lorgeril (de) à Jugon.
Nicol de la Bellissue à Plouguenast.
Person à Begard.
Le Poinmelec à Etables.
Pièvache à Saint-Brieuc (sud).
Ollivier (Louis) à Saint-Nicolas-du-Pelem.
Rioust de Largentaye à Plancoet.
Roger à Dinan (est).
Sesmaisons (de) à Belle-Isle-en-Terre.

CREUSE.

Formé de la haute Marche et de parties du Berry, du Bourbonnais et de l'Auvergne.

C. d'app. de Limoges ; acad. de Clermont ; div. milit. de Limoges ; dioc. de l'évêch. de Limoges. — 4 arrond. : Guéret, Aubusson, Bourganeuf et Boussac. — 25 cantons. — 263 communes. — Popul., 2,4,047 habit. — Superf., 599,455 hect.

GUÉRET, ch.-lieu. — *Préfet*, M. Hendlé.

5 députés : MM. Delille, La Roche-Aymond (marquis de), Lavergne (de), Palotté (Jacques), Saincthorent (de).

CONSEIL GÉNÉRAL.

Bayle Saint-Setier à la Courtine.
Coucalon à Royère.

Cornudot à Crocq.
Coutisson à Bénévent-l'Abbaye.

Defumade (fils) à Ahun.
Depie à Gentioux.
Duché à Felletin.
Fayolle à Guéret.
Fourot à Evaux.
Gardavaux à Chenevailles.
Granchamp (de) à Chambon.
Lavaud à Pontarion.
Laveaucoupet (le général de) à Dun.
Martinaud à Saint-Sulpice-les-Champs
Martinet à Bourganeuf.

Malieurat au Grand-Bourg.
Montaudon (Ernest) à la Souterraine.
Moreau à Saint-Vaury, annulé.
Parry à Jarnages.
Poissonnier à Bonnat.
Raymond à Auzances.
Roche-Aymond (de la) à Bellegarde.
Saincthorend de) à Boussac.
Sallandrouze à Aubusson.
Vilher (de) à Châtelus.

DORDOGNE.

Formé du Périgord.

C. d'app., acad. et div. milit. de Bordeaux ; évêch. à Périgueux. — 5 arroud.: Périgueux, Bergerac, Noutron, Riberac et Sarlat. — 47 cantons. — 582 communes. — Popul., 502,687 hab. -- Superf., 893,274 hect.

PÉRIGUEUX, ch.-lieu. — *Préfet,* M. de Champagnac.

10 députés : MM. Carbonnier de Marzac, Chadois (colonel de), Daussel, Delpit (Martial), Fourichon (amiral), Fourtou (de), Magne, Maleville (marquis de), Mazerat, Monteil.

CONSEIL GÉNÉRAL.

Archambault à Bugue.
Borie (de la) à Issigeac.
Bosredon à Salignac.
Bosredon (de) à Terrasson.
Boudet de Montplaisir à Laforce.
Brugère à Montpont.
Chadois (de) à Sigoulès.
Chastenet à Neuvic.
Combescot à Excideuil.
Daussel à Saint-Pierre-de-Chignac.
Delugin à Verteillac.
Dereix à Mareuille.
Doriac à Villefranche-de-Belvès.
Dubreuil à Thenon.
Ducluzeau à Montignac.
Dugenest à Saint-Pardoux-la-Rivière.
Dussoulas à Beaumont.
Escande à Saint-Cyprien.
Fournier-Gorre à Montpazier.
Garrigat à Bergerac.
Houreau de La Source à Eymet.
Javerzac à Villamblard.
Jouffrey à Saint-Aulaye.
Labrausse à Jumilhac.

Lacombe à Carlux.
Lafont de Fontgauffier à Belvès.
Lassaigne à Lalinde.
Laval du Bousquet à Cadouin.
Luzié à Saint-Alvère.
Magne à Villefranche de Longchapt.
Magne (Alfred) à Savignac-les-Eglises.
Mallet (le marquis de) à Bussière-
Badil.
Maréchal à Saint-Astier.
Marty à Vergt.
Mazerat à Nontron.
Mie à Perigueux.
Moreau à Montagrier.
Nathan (de) à Velines.
Piotay à Mussidan.
Puyjoli de Merjounissas à Brantôme.
Quinsac à Lanouaille.
Raynaud à Hautefort.
Rey à Champagnac.
Selves (de) à Sarlat.
Simon à Riberac.
Taillefer à Domme.

DOUBS.

Ancienne province de la Franche-Comté.

C. d'app. et acad. de Besançon ; div. milit. de Besançon ; archev. à Besançon. — 4 arrond. : Besançon, Baume, Monthéliard et Pontarlier. — 27 cantons. — 623 communes. — Popul , 224,237 hab. — Superf., 653,957 hect.

BESANÇON, ch.-lieu. — *Préfet,* M. Cardon de Sandrans.

6 députés : MM. Denfert (colonel), Fernier, Grévy (Albert), Mettetal, Monnot-Arbilleur et Vaulchier (de).

CONSEIL GÉNÉRAL.

Aclin (d') à Roulans.
Beauquier à Besançon (nord).

Bourdenet à Pierrefontaine.
Bourquard au Russey.

Brelet à Baume-les-Dames.
Colin à Pontarlier.
Estignard à Vercel.
Flagey à Boussières.
Gannard à Quingey.
Guillemin à Rougemont.
Lalauce à Montbéliard.
Loiseau à Mouthe.
Loray (de) à Amancey.
Marciou à Pont-de-Roide.
Mérode (le comte de) à Maiche.
Meiner à Isle-sur-le-Doubs.

Mollard à Saint-Hippolyte.
Oudet à Besançon (sud).
Oudot à Clerval.
Patèle à Levier.
Poncet à Morteau.
Poncy (le général du) à Audeux.
Sahler à Audincourt.
Vautherin à Ornans.
Viette à Blamont.
Vuillemin à Montbenoit.

DROME.

Ancienne province du Dauphiné.

C. d'app. et acad. de Grenoble; div. milit. de Lyon; évêch. à Valence. — 4 arrond.: Valence, Die, Montélimar et Nyons.— 29 cantons.—367 communes. — Popul., 224,237 hab. — Superf.. 653,957 hect.

VALENCE, ch.-lieu. — *Préfet,* M. André.

6 députés : MM. Bérenger, Chareton (général), Chevandier, Clerc, Dupuy, Malens.

CONSEIL GÉNÉRAL.

Arnaud (Ollivier) à Bourdeaux.
Berger à la Motte-Chalançon.
Bernard à Valence.
Bernon (de) à Grandserre, annulé.
Cervant à Romans.
Chalamet à Loriol.
Champs à Die.
Chareton (le général) à Montélimar.
Chartron (Paul) à Saint-Doat.
Fayard à Chabeuil.
Fraud à Crest (nord).
Germain à Châtillon.
Joubert à la Chapelle-en-Vercors.
Lombard à Saint-Vallier.
Loubet à Grignan.

Madier à Pierrelatte.
Malens à Saint-Paul-Trois-Châteaux.
Marcellin à Remuzat.
Masclet à Saint-Jean-en-Roygans.
Aymé (Martin) à Marsanne.
Morin (Théodore) à Dieu-le-Fit.
Nal à Luc-en-Diois.
Odoard à Tain.
Perrier à Crest (sud).
Rey (père), à Saillans.
Richard (Camille) à Nions.
Roche à Bourg-du-Péage.
Suarez-d'Aulan à Léderon.
Verdet aux Buis-les-Baronnies.

EURE.

Ancienne province de Normandie.

C. d'app. de Rouen; acad. de Caen; div. milit. de Rouen; évêch. à Evreux. — 5 arrond. : Evreux, les Andelys, Bernay, Louviers et Pont-Audemer.— 36 cantons. — 700 communes. — Populat., 394,467 habit. — Superf., 596,638 hect.

EVREUX, ch.-lieu.— *Préfet,* M, le baron Sers.

8 députés : MM. Besnard, Broglie (duc de), Dupont de l'Eure, La Roncière le Noury, Osmoy (d'), Passy (Louis), Pretavoine, Salvandy (de).

CONSEIL GÉNÉRAL.

Albuféra (le duc d') à Vernon.
Barrey à Verneuil.
Blanzy (de) à Bourgtheroulde.
Blosseville (de) à Aufreville-la-Campagne.
Broglie (le duc de) à Broglie.

Chambray à Damville.
Chenevières (le colonel de) à Pont-de-l'Arche.
Croix (le marquis de) à Bernay.
Dessault à Conches.
Dumesnil aux Audelys.

Forval (de) à Beaumesnil.
Philémon Fouquet à Rugles.
Hébert (Emile) à Cormeilles.
Huet à Gaillon.
Labbé à Evreux (nord).
Jion-Lambert à Brionne.
Lécouteulx de Canteleu à Etrépagny.
Legendre à Pont-Audemer.
Lepouzé à Saint-André.
Lereffait (Nicolas) à Saint-Georges-du-Vièvre.
Osmoy (d') à Quillebœuf.
Ozanne au Neubourg.
Papon à Nonancourt.

Pouyer-Quertier à Fleury-sur-Andelle.
Ridel à Ecos.
Roncière Le Noury (La) à Evreux, (sud).
Sainte-Foy (de) à Gisors.
Lecomte (Sébastien) à Beaumont-le-Royer, décédé.
Trutat à Passy-sur-Eure.
Volon (de) à Lyons-la-Forêt.
Vauquelin (fils) à Beuzeville.
Verney à Breteuil.
Vittecoq à Montfort-sur-Risle.
Vy (Emile) à Thiberville.

EURE-ET-LOIR.

Formé des anciennes provinces de l'Orléanais, la Beauce, le pays Chartrain, la Normandie, le Drouais et le Thimerais.

C. d'app., acad. et div. milit. de Paris; évêch. à Chartres. — 4 arrond. : Chartres, Châteaudun, Dreux et Nogent-le-Rotrou. — 24 cantons. — 426 communes. — Popul., 290,753 hab. — Superf., 692,252 hect.

CHARTRES, ch.-lieu. — *Préfet*, M. Le Guay (Albert).

6 députés : MM. Delacroix, Gouvion-Saint-Cyr (marquis de), Lefèvre-Pontalis (Amédée), Noël Parfait, Pontoi-Pontcarré (marquis de), Vingtain (Léon).

CONSEIL GÉNÉRAL.

Boudet à Chartres (sud).
Bouvard à Illiers.
Clichy à Janville.
Collier-Bordier à Voves.
Corbière à Maintenon.
Delacroix à Chartres (nord)
Doullay à Nogent-le-Rotrou.
Dreux-Linget à Orgères.
Guérin à la Ferté-Vidame.
Guillaumin à Bonneval.
Labiche à Auneau.
Legoux à Brezolles.

Lumière à Châteaudun.
Meritte à Cloyes.
Mesquit à Nogent-le-Roi.
Moreau à Anet.
Pelé à Courville
Pontoix-Pontcarré (de) à la Loupe.
Salmon à Briou.
Thierrée à Dreux.
Truelle à Thiron-Gardais.
Vacher à Authon.

FINISTÈRE.

Ancienne province de Bretagne.

C. d'app., acad. et div. milit. de Rennes; évêch. à Quimper. — 5 arrond. : Quimper, Brest, Châteaulin, Morlaix et Quimperlé.—43 cantons.—285 communes. — Popul., 662,485 hab. — Superf., 693,384 hect.

QUIMPER, ch.-lieu. — *Préfet*, M. Pihoret.

43 députés : MM. Bienvenue, Chamaillard (de), Dumarnay, Forsanz, Kermenguy, Lebreton, Le Flô (général), Legge (comte de), Monjaret de Kerjegu, Morvan, Pompery (de), Rousseau, Treveneuc (vicomte de).

CONSEIL GÉNÉRAL.

Andrieux à Saint-Théyonnec.
Arnout à Pont-l'Abbé.
Bolloré à Quimper.
Carné (de) Plogastel-Saint-Germain.

Couédic (du) à Quimperlé, démissionn.
Drouillard à Saint-Pol-de-Léon.
Fenigan à Crozon.
Forsanz (de) à Lesneven.

Foulloy à Landerneau.
Gaubert à Carhaix.
Gestin à Brest (3e canton).
Goubin à Daoulas.
Guerguen à Chateauneuf.
Guernissac à Pleuigneau.
Guillard à Ploudalmezeau.
Hignard à Pont-Croix.
Kerdrel (de) à Lannilis.
Kerjégu (de) à Scaër.
Kerminguy (de, à Plouzévédé.
Kersauson (de) à Lanmeur.
Lacoste à Châteaulin.
Grandière (de La) à Briec.
Le Cranc à Concarneau.
Lannerien à Taulé.
Le Breton à Pleyben.
Le Gall au Huelgoët.

Leroux à Sizun.
Mauduit (de) à Pont-Aven.
Mignal (de) à Saint-Renau.
Penauros à Douarnenez.
Penquer à Brest (1er canton).
Pinvidic à Plouescat.
Pompery (de) au Faou.
Raisme (de) à Arzano.
Regnaud (le vice-amiral) à Ouessant.
Rodallec (de) à Bannalec.
Rosencoat à Rosporden.
Rousseau à Brest (2e canton).
Roussin à Fouesnant.
Rusquet (du) à Ploudiry.
Soubigou à Landivisiau.
Swiney à Morlaix.
Vincelles (de) à Plabennec.

GARD.

Ancienne province du Languedoc.

C. d'app. à Nimes ; acad. et div. milit. de Montpellier; évêch. à Nimes. — 4 arrond. : Nimes, Alais, Uzès et Vigan. — 40 cantons. — 345 communes. — Pop., 429,747 hab. — Superf., 582,867 hect.

Nimes, ch.-lieu. — *Préfet*, M. de Champvans.

9 députés : MM. Baragnon, Boyer, Cazot, Chabaud-Latour (général, baron de), Crussol (duc de), Larcy (baron de), Tarteron (de), Valfons (marquis de), N.

CONSEIL GÉNÉRAL.

Balmelle à Genolhac.
Beau à la Grand-Combe.
Berthezène (de) à Valleraugue.
Bezard à Nimes (2e canton).
Boisson à Sommières.
Bonnefoy-Sibour à Pont-Saint-Esprit.
Boudon à Saint-Jean-du-Gard.
Bosc à Villeneuve-lès-Aviguon.
Bousquet à Lasalle.
Carrière à Saint-Chaptes.
Cazot à Anduze.
Chabaud-Latour (le général) au Vigan.
Claris à Ledignan.
Crussol (le duc de) à Uzès.
Estampes (d') à Bességes.
Ducamp à Vezenobres.
Fontarèche à Marguerittes.
Gazagne à Remoulins.
Gros à Aigues-Mortes.
Guigou à Vauvert.

Ritier à Saint-Gilles.
Hombres (le baron d') à Alais (est).
Jac à Quissac.
Joly à Trèves.
Brugnière (de la) à Lussan.
Laget à Nimes (1er canton). option.
Laget à Saint-Hyppolyte-du-Fort.
Larcy (de) à Nimes (3e canton).
Larrey à Aramon.
Luc (le marquis du) à Alzon.
Mallet à Bagnols.
Martin à Roquemaure, annulé.
Meinadier à St-André-de-Valborgne.
Montalet (de) à Saint-Ambroix.
Perrier à Saint Mamers.
Roussel (Ernest) à Sauve.
Tarteron (de) à Sumène.
Veillon à Alais (ouest).
Vigne à Beaucaire.

GARONNE (HAUTE-).

Ancienne province du Languedoc.

C. d'app. ; acad., div. milit. et archev. à Toulouse. — 4 arrond. : Toulouse,
Muret, Saint-Gaudens et Villefranche. — 38 cantons. — 578 communes. —
Popul., 493,777 habit. — Superf., 629,601 hect.

TOULOUSE, ch.-lieu. — *Préfet*, M. Ferry (Charles).

10 députés. MM. Auberjon (d'), Belcastel (de), Brettes Thurin (comte de), De-
peyre, Gatien-Arnoult, Humbert, Sacaze, Lassus (de), Piou, Rémusat (Paul
de).

CONSEIL GÉNÉRAL.

Amilhau à Montrastruc.	Manent à Villefranche.
Aubergeon (d') à Revel.	Mingué à Carbonne.
Ayguesvives à Montgiscard.	Molinier à Lanta.
Bestos-Vaysse à l'Isle-en-Dodon.	Monnier à Toulouse (ouest).
Boué à Montesquieu-Volvestre, annulé.	Montané à Grenade.
Campagnac à Cintegabelle.	Mulé à Rieumes.
Campon à Saint Gaudens.	Mule à Toulouse (centre).
Cavare à Léguevin.	Naves à Fousseret.
Cazaux à Cadours.	Niel à Muret.
Courthiale à Villemur.	Perrégol (de) à Caraman.
Dufraisse à Saint-Martory)	Planet (de) à Castanet.
Duportal à Toulouse (nord).	Pujus à Fronton.
Feral à Verfeil.	Riau à Aspet.
Gleizes à Rieux.	Jacase à Saint-Béat.
Lamothe à Montgiscard.	Sainte-Gemes (de) à Saint-Bertrand.
Launes à Nailloux.	Salles à Boulogne.
Lappéran à Montrejeau.	Seguy à Auterive.
Larlet à Saint-Lys.	Seignou de Sere à Aurignac.
Lasvigne à Jalies.	Trou à Bagnères-de-Luchon.
Leygue à Toulouse (sud), annulé.	Vize (de) à Cazères.

GERS.

Ancienne province de la Guienne.

C. d'app. d'Agen ; acad. de Toulouse ; div. milit. de Bayonne ; archev. à
Auch. — 5 arrond. : Auch, Condom, Lectoure, Lombez et Mirande. —
29 cantons. — 464 communes — Populat., 295,692 habit. — Superf.,
625,868 hect.

AUCH, ch.-lieu. — *Préfet*, M. Du Gabé.

6 députés : MM. Abbadie de Barrau (comte d'), Batbie, Dumon, Lacave La-
plagne, Luro, Resseguier (comte de).

CONSEIL GÉNÉRAL.

Abbadie (d') de Barrau à Cazaubon.	Daran à Morciac.
Autremar (d') à Mieland.	David Jean à Auch (sud).
Bones à Auch (nord).	Delpech Cantaloup à Saint-Clar.
Brocas à Samatan.	Denjoy (Justin) à Fleurance.
Calmel Puntis à Cologne.	Descamps à Lectoure.
Candelon à Mauvezin.	Duprom à Valence.
Cassagnac (Granier de) à Aignan.	Jeilhan à Mirande.
Cassagnac (Paul de) à Plaisance.	Justin Faure à Lombez.
Cavaré à l'Ile-Jourdain.	Goutaut-Biron à Masseube.
Clarens (de) à Nogaro.	Lacave-Laplagne à Riscle.
Corrent à Miradoux.	Laroque (le comte de) à Jégun.

Larrieu à Eauze.
Péraldi à Condom.
Peyrusse à Saramon.
Rivière (de) à Vic-Fezensac.

Sansot à Montréal.
Serain à Gimont.
Terrail à Montesquiou.

GIRONDE.

Ancienne province de la Gironde.

C. d'app., acad., div. milit. et arch. à Bordeaux. — 6 arrond. : Bordeaux, Bazas, Blaye, Lesparre, Libourne, la Réole. — 48 cantons. — 549 communes. — Popul., 701,855 hab. — Superf. 1,082,522 hect.

BORDEAUX, ch.-lieu. — *Préfet,* M. Duval (Ferdinand).

14 députés : MM. Bonnet, Carayon-Latour (de), Decazes (duc), Fourcand, Johnston, Journu, Larrieu, Léon (Adrien), Lur-Saluces, Martin des Pallières (général), Princeteau, Richier, Sansas, Simiot.

CONSEIL GÉNÉRAL.

Alary à Auros.
Alexandre (Léon) à Captieux.
Avril à Blanquefort.
Bert à Saint-Vivien.
Borderie à Sainte-Foix-la-Grande.
Braylins à la Réolle.
Callen à Saint-Symphorien.
Casauvielh à Belin.
Casteja à Pauillac.
Cazes (duc de) à Guitres.
Chaussé à Saint-Savin.
Chicoulamy à Braune.
Clauzel à Castelnau.
Clauzet à Lesparre.
Clouzet à Pessac.
Combret (Henri) à Lussac.
Delboy à Bordeaux (6e canton).
Dubaquier à Bazas.
Dubosc à Targon.
Dupouy à Bourg.
Dupuy à Cadillac.
Duvigueau à Audenge.
Ferbois à Saint-Macaire.
Fougères (Edouard) à Grignols.

Fourcaud à Bordeaux (1er canton).
Froin à Saint-Ciers-Lalande.
Gervais à Blaye.
Gras (Cadet) à Créan.
Grottes (des) à la Brède.
Guillot à Saint-Laurent.
Issartier à Monségur.
Lacoze à Fronsac.
Lalanne à Coutras.
Labesque à la Teste.
Largeteau à Pellegrue.
Lataste à Libourne.
Laterrade à Bordeaux (4e canton).
Lesnier à Carbon-Blanc.
Lur-Saluces (le comte de) à Podensac.
Montagu à Bordeaux (2e canton).
Musset à Castillon.
Paulet à Bordeaux (1er canton).
Pontevès (le comte de) à Sabran.
Roudier à Pujols.
Sangeon à Bordeaux (5e canton).
Sansade à Saint-André-de-Cubzac.
Thery à Langon.
Thoumens à Sauveterre.

HÉRAULT.

Ancienne province du Languedoc.

C. d'app., acad., div. milit. et évêch. à Montpellier. — 4 arrond. : Montpellier, Béziers, Lodève et Saint-Pons. — 36 cantons. — 332 communes. — Populat., 427,245 hab. — Superf., 630,935 hect.

MONTPELLIER, ch.-lieu. — *Préfet,* M. Limbourg.

8 députés : MM. Arrazat, Bouisson, Castelnau, Dupin (Félix), Grasset (de), Rodez, Benavent (vicomte de), Viennet, Vitalis.

CONSEIL GÉNÉRAL.

Arrazat à Lodève.
Bastard à Roujan.
Bonnet à Mauguio.

Boul'ech à Mèze.
Bourdel à Olargues.
Castelnau à Montpellier (1er canton).

Chabaud à Saint-Gervais.
Clément à Frontignan.
Deves à Servian.
Duffour de la Vernède à Saint-Martin-de-Londres.
Estève à Cette.
Fabre à Gignac.
Fraisse à Florensac.
Galtier à Montpellier.
Gervais à Claret.
Girard (de) Matelles.
Giraud à Aniane.
Granel à Olonzac.
Griffe à Murviel.
Houlès à la Salvetat.
Lapeyrouse (de) à Capestang.

Lignières à Agde.
Lisbonne à Montpellier (2e canton).
Malinas à Lunel.
Michel Chevalier à Lunas.
Oustrin à Pézénas.
Pagézy à Castries.
Pastré à Bédarieux.
Perrea (Ernest) à Béziers (1er canton).
Puységur (de) à Montagnac.
Rodez-Benavant (de) à Ganges.
Ronzier-Joly à Clermont-l'Hérault.
Sabatier à Saint-Pons.
Teisserenc à Caylar.
Valentin à Saint-Chinian.
Vernhes à Béziers (2e canton),

ILLE-ET-VILAINE.

Ancienne province de Bretagne.

C. d'app., acad., div. milit. et arch. à Rennes. — 6 arrond. : Rennes, Fougères, Montfort, Redon, Saint-Malo et Vitré.— 42 cantons.— 339 communes. — Popul. 592,609 hab. — Superf. 672,249 hect.

RENNES, ch.-lieu. — *Préfet*, M. le comte de Barthélemy.

12 députés : MM. Bidard, Brice (René), Carron (le colonel), Cintré (comte de), Cissey (général de), Grivart, Jouin, Kergariou (comte de), La Borderie, Loysel (général), Roger Marvaise, Temple (général du).

CONSEIL GÉNÉRAL.

Aubrée à Rennes (sud-est).
Belinay (de la) à Saint-Aubin-du-Cormier.
Beuscher à Retiers.
Bochin à Louvigné-sur-Desert.
Bréhier (de) à Grand-Fougeray.
Brice (René) à Le Sel.
Buot à Pleurtuit.
Brune à Pleine-Fougères.
Châteaubriant (de) à Combourg.
Cintré (le comte de) à Montfort.
Courtois à Saint-Aubin-d'Aubigné.
Dalmas (de) à Saint-Brice-en-Cogles.
Debordes de Chalendrez à Fougères (sud).
Deminiac à Dol.
Desmars à Redon.
Durand à Tinléniac.
Duval à Plélan.
Grosland à Rennes (nord-est).
Guéheneuc (de) à Montauban.
Guibert à Châteauneuf.
Fortin à Cancale.
Guéheneuf (de) à Montauban.

Heinry à la Guerche.
Durantais (de la) à Rennes (sud-ouest).
Lafosse (de) à Autrain.
Hamelinaye (de la) à Bécheret.
Hellière (Raoul de la) à Janzé.
Vigne (de la) à Maure.
Villegontier-Gérard (de la) à Fougères (nord)
Le Fas à Liffré.
Lelièvre à Pipriac.
Luen (de) à Bain.
Malot à Hédé.
Marcais à Mardelles.
Marin à Châteaubourg.
Martin à Guichen.
Martin-Feuillée à Châteaugiron.
Montgermont (de) à Saint-Méen.
Pinault à Rennes (nord-ouest).
Pomellec à Saint-Servan.
Rouxin à Saint-Malo.
Sallier-Dupin (de) à Argentré.
Waldeck de la Borderie à Vitré (ouest).
Yvan des Nétumières à Vitré (est).

INDRE.

Ancienne province du Berry.

C. d'app. de Bourges, acad. de Poitiers, div. milit. et arch. à Bourges. — 4 arrond.: Châteauroux, Leblanc, Lachâtre et Issoudun. — 23 cantons. — 245 communes. — Popul. 277,860 hab. — Superf. 652,162 hect.

CHATEAUROUX, ch.-lieu. — *Préfet*, M. le baron de Crisenoy.

5 députés : MM. Balsan, Bondy (comte de); Bottard, Clément (Léon) et Dufour.

CONSEIL GÉNÉRAL.

Beaucheron à la Châtre.
Bénazet à Tournon.
Bondy (de) au Blanc.
Boson de Talleyrand-Sagan à Valençay.
Clément (Léon) a Aigurande.
David à Écueillé.
Dufour (Paul) à Levroux.
Gachet à Issoudun (nord).
Guignard à Issoudun (sud).
Grandhomme à Argenton.
Grégoire (Jean) à Saint-Gaultier.
Cottardière (de la) à Châtillon.
Lagarda (de) à Eguzon.

Lanet (de) à Bélabre.
Lecomte à Vatan.
Lejeune à Buzançais, annulé.
Lestang de Fins (de) à Saint-Christophe-en-Bazelle.
Lestrange (de) à Mézières-en-Brenne.
Perigois à Châteauroux.
Pignot fils à Sainte-Sévère.
Redaud - Perrot à Saint-Benoît-du-Sault.
Saint-Martin (de) à Neuvy-Saint-Sépulcre.
Valette à Ardentes, annulé.

INDRE-ET-LOIRE.

Ancienne province de Touraine.

C. d'app. d'Orléans, acad. de Poitiers, div. milit. et archev. à Tours. — 3 arrond. : Tours, Chinon et Loches. — 24 cantons. — 281 communes. — Popul. 325,493 hab. — Superf. 610,697 hect.

TOURS, ch.-lieu. — *Préfet*, M. Decrais.

6 députés : MM. Bridieu (marquis de), Gouin, Guinot, Houssard, Hulin, Wilson

CONSEIL GÉNÉRAL.

Batry à Sainte-Maure.
Belle à Tours (sud).
Bridieux (marquis de) à Loches.
Dardy à le Grand-Bressigny.
Delaville Le Roulx à Montbazon, ann.
Derouette à Vouvray.
Desplanque à Chinon.
Dupuy (Georges) à Montrésor.
Gally à Langeais.
Gonin à Tours (nord).
Guinot à Amboise.
Houssard à Neuillé-Pont-Pierre.

Hulin à Richelieu.
Nau à Neuvy-le-Roi.
Oraye à Bourgueil.
Pesson à Châteaurenault.
Quinemont (de) à Ile-Souchard.
Richard à Preuilly.
Robin (Jules) à la Haye.
Royne à Bléré.
Roysel à Château-la-Valière.
Schneider (Paul) à Ligueil.
Terterne à Azay-le-Rideau.
Viel à Tours (centre).

ISÈRE.

Ancienne province du Dauphiné.

C. d'app., acad., div. milit. et évêch. à Grenoble. — 4 arrond. : Grenoble, la Tour-du-Pin. Saint-Marcellin et Vienne. — 45 cantons. — 555 communes. — Popul. 584,386 hab. — Superf. 844,230 hect.

GRENOBLE, ch.-lieu. — *Préfet*, M. Doniol.

12 députés : MM. Breton, Chaper, Combarieu (de), Eymard-Duvernay, Gueidan, Jocteur-Montrosier, Jourdan, Michal Ladichère, Quinsonas (marquis de), Reymond (Ferdinand), Riondel, N....

CONSEIL GÉNÉRAL.

Arnaud à Grenoble (nord).
Aymar-Duvernay à Monestier-de-Clermont.
Babouin à Rives.
Barral (de) à Saint-Laurent-du-Pont.
Berger à Bourg-d'Oisans.
Bertrand (M.-J.) à Villard-de-Lans.
Bouthier à Heyrieu.
Bovier-Lapierre à Pont-de-Beauvoisin.
Brillier à Vienne (sud).
Buyat à Saint-Symphorien-d'Ozon.
Champollion-Figeac à Vif.
Charrière à Allevard.
Combarieu (de) à Pont-en-Royans.
Costaz à la Tour-du-Pin.
Couturier à Vienne (nord).
Freynet à Valbonnais.
Gautier à Clelles.
Hours à Roussillon.
Jail (Gabriel) à Vinay.
Jourdan à Goncelin.
Jolland à Saint-Etienne-de-Saint-Geoire.
Jourdan au Roussillon.

Julhiet à Grenoble (est).
Lestier au Touvet.
Marion à Morastel.
Massons à Tullins.
Michal-Ladichère à Saint-Geoire.
Michaud à Domène.
Nolly (de) à Roybon.
Picat à Saint-Marcellin.
Peryeu à Saint-Jean-de-Bournay.
Pierie à Bourgoing.
Rey à Grenoble (sud)
Richard-Bérenger à Mens.
Rivier à Corps.
Resoura à Domène.
Reynier à la Mure.
Robert à la Côte-Saint-André.
Saint-Fércol (de) à Virieu.
Trouillet à Beaurepaire
Trouion à Virille.
Vacher à la Verpillière.
Vachon à Meyzieu.
Vermat (de) à Crémieu.
Vial à Voiron.
Virieu (de) au Grand-Lemps.

JURA.

Formé d'une partie de la Franche-Comté.

C. d'app., acad. et div. milit. de Besançon, évêch. à Saint-Claude. — 4 arrond. : Lons-le-Saulnier, Poligny, Dôle et Saint-Claude. — 32 cantons. — 583 communes. — Popul. 298,477 hab. — Superf. 503,364 hect.

LONS-LE-SAULNIER, ch.-lieu. — *Préfet*, M. Dumarest.

6 députés : MM. Besson (Paul), Grévy (Jules), Lamy, Reverchon, Tamisier, Thurel.

CANSEIL GÉNÉRAL.

Benoît à Saint-Claude.
Bergeret à Arbois.
Blanc à Gendrey.
Blanc à Saint-Amour.
Bonnemie à Sellières.
Bouret à Salins.
Brugnot à Dampierre.

Bury à Voiteur.
Châlon à Montbarrey.
Chamberet (le général de) à Nozeroy.
Comtesse à Saint-Julien.
Chavcley à Villers-Farlay.
Dubief à Montmirey-le-Château.
Giraud à Morez.

Guyennot à Beaufort.
Leculier à Chaumergey.
Legerot à Poligny.
Lelièvre à Couliège.
Lombard à Dôle.
Monnier (Léon) aux Planches.
Mermet-Guvennet aux Bouchoux.
Meronœ (de) à Orgelet.
Morel à Arinthod.

Muller à Champagnolle.
Poux à Chemin.
Reverchon à Saint-Laurent.
Ronchaud (de) à Moirans.
Tamisier à Clairvaux.
Thurel à Lons-le-Saulnier.
Toytot (de) à Rochefort.
Vaudrit à Bletterans.
Vaulchier (le comte de) à Chaussin.

LANDES.

Ancienne province de la Guienne.

C. d'app. de Pau, acad. de Bordeaux, div. milit. de Bayonne, évêch. à Aire,
— 3 arrond. : Mont-de-Marsan, Dax et Saint-Sever. — 28 cantons. —
330 communes. — Popul. 306,693 hab. — Superf. 903,937 hect.

MONT-DE-MARSAN, ch.-lieu. — *Préfet*, M. Charles Sers.

6 députés : **MM.** Boucau (Albert), Dampierre (marquis de), Gavardie (de)
Lefranc (Victor), Loustalot et Pascal Duprat.

CONSEIL GÉNÉRAL.

Bacque à Sore.
Beauchamp (le général) à Amou.
Bechr (le baron de) à Montfort.
Cardecau (de) à Pouillon.
Casteignède (Emile) à Pissos.
Castalguède (Aurélien) à Sabres.
Chauton (de) à Tartas (est).
Dampierre (le comte de) à Grenade.
Darricau à Soustons.
Dubois à Saint-Vincent-de-Tyrosse.
Duboscq à Labrit.
Duboy à Agetman.
Gaye à Geaune.
Gaston à Mimizan.

Gazaillan à Parentis-en-Born.
Guilloutet (de) à Gabarret.
Labarchède à Roquefort.
Laborde (de) à Aire.
Lacaze à Mont-de-Marsan.
Lefranc (Victor) à Saint-Sever.
Léglise à Saint-Martin-de-Seignaux.
Loustalot à Dax.
Ravignan (de) à Villeneuve.
Roquebert à Arjuzaux.
Ses-Caupenne (de) à Mugron.
Tartas (de) à Tartas (ouest).
Turpin à Castets.
Vivensang à Peyrehorade.

LOIR-ET-CHER.

Formé de l'Orléanais, du Blaisois et du pays Chartrain.

C. d'app. d'Orléans, acad. de Paris, div. milit. de Tours, évêch. à Blois. —
3 arrond. : Blois, Romorantin et Vendôme. — 24 cantons. — 297 communes. — Popul. 275,757 hab. — Superf. 635,092 hect.

BLOIS, ch.-lieu. — *Préfet*, M. Camescasse.

5 députés : **MM.** Bozérian, Ducoux, Dufay, Sers (marquis de), Tassin.

CONSEIL GÉNÉRAL.

Bezard à Mondoubleau.
Boussion à Mennetou-sur-Cher.
Bozérian à Vendôme.
Brault à Droué.
Cadet de Vaux à Neung-sur-Beuvron.
Chauvin à Montoire.
Chavigny à Blois (est).
Couteau à Selommes.
Denian à Bracieux.
Ducoux à Herbault.
Jacquemain à Montrichard.

Lecoulteulx à Lamotte-Beuvron.
Lionnel Le Normand à Mer.
Martinet à Romorantin.
Orléans (Le comte d') à Salbris.
Pousset Preau à Blois (ouest).
Riffault (le général) à Ouzouer-le-
Marché.
Rochefoucault (de La) duc de Doudeau-
ville à Morée.
Romieu à Selles-sur-Cher.
Rue du Can (de La) à Saint-Armand.

Sonnier (de) à Marchenoir.
Rousseau à Savigny.

Sers (de) à Contres.
Tassin à Saint-Aignan.

LOIRE.

Formé de l'ancienne province du Forez.

C. d'app., acad., div. milit. et archev. de Lyon. — 3 arrond. : Saint-Etienne, Montbrison et Roanne. — 30 cantons. — 325 communes. — Populat. 537,408 hab. — Superf. 476,409 hect.

SAINT-ETIENNE, ch.-lieu. — *Préfet*, M. Ducros.

11 députés : MM. Arbel, Bouillier, Callet, Cherpin, Chevassieu, Cunit, Dorian, Jullien, Meaux (vicomte de), Montgolfier, Sugny (de).

CONSEIL GÉNÉRAL.

Assier (d') à Saint-Jean-Solemieux.
Audiffred à Roanne.
Bertrant à Saint-Georges-en-Couzan.
Blanc (Antony) à Saint-Bonnet-le-Château.
Bouchetal-Laroche à Feurs.
Brossard à Charlieu.
Buisson à Bourg-Argental.
Chavassieux à Montbrison.
Cherpin à Saint-Haon-le-Chatel.
Coste à Noirétable.
Crozet à Saint-Etienne (sud-est).
Grozet (Emile) à Saint-Rambict.
Dorian à Chambon-Feugerolles.
Duchamp à Saint-Etienne (nord-ouest).
Fabreguettes à Saint-Etienne (nord-est)
Couttenoire à Saint-Symphorien-de-Lay.

Grange à Boën.
Glattara à Belmont.
Grosrenaud à Saint-Etienne (sud-ouest).
Jamet à Pelussin.
Jamet (Jean) à Saint-Chamond.
Meaudre de Sugny à Saint-Germain-Laval.
Noelas à la Pacaudière.
Pabreguettes à St-Etienne (nord-est).
Balluat de Besset à Méronde.
Poget à Saint-Haon-le-Châtel.
Ravel de Malleval à Saint-Héant.
Reymond à Saint-Galmier.
Richarme à Rive-de-Gier.
Saint-Genest (le baron de) à Saint-Genest-Malifaux.
Sonnery à Perreux.
Sugny (de) à Saint-Just-en-Chevalet.

LOIRE (HAUTE-).

Formé du Velay, d'une partie de l'Auvergne et de quelques communes du Gévaudan, du Vivarais et du Forez.

C. d'app. de Riom, acad. et div. milit. de Clermont-Ferrand, évêch. au Puy.— 3 arrond. : le Puy, Brioude et Yssingeaux. — 28 cantons. — 262 communes. — Popul., 342,661 hab. — Superf., 432,784 hect.

LE PUY, ch.-lieu. — *Préfet*, M. le comte de Malartie.

6 députés : MM. Calemard de La Fayette, Chabron (général de), Flaghac (baron de), Malartrie, Vinay (Henri), Vinols (baron de).

CONSEIL GÉNÉRAL.

Béraud au Puy (nord-ouest).
Binachon à Saint-Didier-la-Sauve.
Bonneton à Cayres.
Chabron (le général de) à Monistrols-sur-Loire.
Chazel à La Voûte-Chilhac.
Charles à Langeac.
Choumiels (de) à Pradel.
Choumouroux (de) à Yssingeaux.
Experton au Monastier.
Floriat à Fay-le-Froid.

Grellet à Allègre.
Jouve à Craponne.
Fayette (de La) à Paulhaguet.
Lagrevel à Bas.
Laroue à Tence.
Batie (de la) à Vorey.
Longueville (de) à Pinols.
Malartre à Montfaucon.
Menard à Saugues.
Miramon (de) à Loudes.
Pellet à la Chaise-Dieu.

Philip à Saint-Paulien.
Sanhard (de) à St-Julien-Chapteuil.
Saint-Féréol (Amédée de) à Brioude.
Saint-Poncy (de) à Bresle.

Sanhard à Saint-Julien.
Vinet au Puy (sud-est)
Virolet à Auzon.
Vissaguet à Solignac.

LOIRE-INFÉRIEURE.

Ancienne province de la Bretagne.

C. d'app. et acad. de Rennes, div. milit. et évêch. de Nantes. — 5 arrond. : Nantes, Ancenis, Châteaubriant, Paimbœuf et Saint-Nazaire. — 45 cantons. — 213 communes. — Popul., 598,598 hab. — Superf, 706,285 hect.

NANTES, ch.-lieu. — *Préfet* , M. Ernest Pascal.

12 députés : MM. Babin-Chevaye, Cheguillaume, Cornulier-Lucinière (comte de),Dezauneau, Doré-Graslin, Fleuriot (de), Ginoux de Fermon, Juigné (comte de), Lallié, La Pervanchère (colonel), La Rochette (de), Simon (Fidèle).

CONSEIL GÉNÉRAL.

Arnous-Rivière à Varade.
Attimont au Leroux.
Béchu du Moulinroule à Château-briant.
Boucher d'Argis à Carquefou.
Boquien au Pellerin.
Bourdin à Bourgneuf.
Codrosy (de) à Bouaye.
Coinquet à Nort.
Cornulier (de) à Nantes (2e canton).
Decroix à Ligné.
Flandrin à Saint-Père-en-Retz.
Gabier à Rougé.
Garion à Paimbœuf.
Gaudin à Riaillé.
Ginoux de Fermont à Moisdon.
Guépin à Nantes (3e canton).
Harmange à Aigrefeuille.
Billiais (de la) à Marchecoul.
Haye-Jousselin (de La) à Ancenis.
Lareinty (de) à Blain, option.
Noue-Billault (de La) à Nozay.

Lauriol à Nantes (5e canton).
Le Court à Vertou.
Lemot (baron) à Clisson.
Leloup à Nantes (4e canton).
Leroux à Saint-Julien-de-Vouvantes.
Maillard au Croisic.
Normade à Nantes (6e canton).
Obeix à Savenay.
Pellan (de) à Guérande.
Pichon à Pontchâteau.
Platel à Saint-Philibert.
Rochette (de La) à Herbignac.
Rousse à Pornic.
Sesmaisons (de) à la Chapelle-sur-Erdre, annulé.
Simon (père) à Guéméné-Penfao.
Simon (Fidèle) à St-Nicolas-de-Redon.
Soulard à Saint-Mars-la-Jaille.
Thoinnet à Ancenis.
Vincent à Vallet-
Vrignais (de na) à Legé.

LOIRET.

Formé de l'Orléanais et du Gâtinais.

C. d'app. d'Orléans, div. milit. et acad. de Paris, évêch. d'Orléans.—4 arrond.: Orléans, Gien, Montargis et Pithiviers. — 31 cantons. — 349 communes. — Popul., 357,440 hab. — Superf., 675,491 hect.

ORLÉANS, ch.-lieu. — *Préfet*, M. Albert Gigot.

7 députés : MM. d'Aboville, Cochery, Crespin, d'Harcourt, Mgr Dupanloup (évêque, d'Orléans), Robert de Massy, Petau.

CONSEIL GÉNÉRAL.

Ancau à Beaume-la-Rolande.
Bapterosses à Briare.
Bobé à Châteauneuf-sur-Loire.
Boucheron à Beaugency.
Brière à Pithiviers.
Brouard à Orléans (est).

Charles (Pierre) à la Ferté-St-Aubin.
Chevallier-Escot à Orléans (nord-ouest).
Cochery à Montargis.
Cosson à Ferrières.
Courcy (de) à Neuville.

Crespin à Orléans (ouest).
Darblay (Jules) à Arthenay.
Despond (Albert) à Châtillon-sur-Loire.
Despond (Anatole) à Gien.
Driard à Bellegrade.
Dumesnil à Puiseaux.
Eichtal (d') à Châtillon-sur-Loing.
Gaudril à Outarville.
Greflier à Cléry.
Guille à Meung-sur-Loire.
Jahan à Sully-sur-Loire.

Lesourd à Jargeau.
Luche (Théodore) à Ouzouer-sur-Loire.
Morogues (de) à Orléans (sud).
Nouette de Lormes à Lorris.
Peteau à Patay.
Pierre à la Ferté-Saint-Aubin.
Rabier à Malesherbes.
Reaulx à Châteaurenard.
Ruzé (de) à Courtenay.

LOT.

Formé du Quercy.

C. d'app. d'Agen, acad. et div. milit. de Toulouse, évêch. à Cahors. — 3 arrond. : Cahors, Figeac et Gourdon. — 29 cantons. — 318 communes. — Popul., 388,949 hab. — Superf., 398,406 hect.

Cahors, ch.-lieu. — *Préfet*, M. Ernest Pougny.

6 députés : MM. Lamberterie (de), Limayrac, Murat (comte Joachim), Pagès-Duport, Rolland, Valon (de).

CONSEIL GÉNÉRAL.

Bessière à Cahors (nord).
Brugallières à Catus.
Calmes à Gramat.
Calmon à Gourdon.
Calmon à Payrac, double élection.
Cambres à Lauzès.
Cipières à Figeac (ouest).
Cuniac (de) à Salviac.
Demeaux à Puy-l'Evêque.
Domphnau à Saint-Germain.
Dufour à Cahors (sud).
Fraisse à la Capelle-Marival.
Jaux à Montcuy.
Laborie à Latronquière.
Lafon à Luzech.

Lamaze (de) à Saint-Céré.
Limayrac à Castelnau.
Marquessac à Souillac.
Maymien à Cazals.
Murat (le comte) à Labastide-Murat.
Pradines à Limogne.
Serager à Martel.
Talet à Saint-Gery.
Teilhard à Figeac (est).
Vaissié à Livernon.
Verninhac (de) à Veyrac.

LOT-ET-GARONNE.

Formé de la Guienne.

C. d'app. d'Agen, acad. et div. milit. de Bordeaux, évêch. d'Agen. — 4 arrond.: Agen, Marmande, Nérac et Villeneuve-sur-Lot. — 37 cantons. — 318 communes. — Popul., 327,962 hab. — Superf., 533,628 hect.

Agen, ch.-lieu. — *Préfet*, M. Lauras.

6 députés : MM. Bastard (comte Oct. de), Baze, Cazenove de Pradine (de), Chaudordy (comte de), Sarrett, Faye.

CONSEIL GÉNÉRAL.

Baillet (de) à Castillonnès.
Bastard (de) à Bouglon,
Belleau (Louis) à Duras.
Belloc à Puymirol.
Besse à Villeréal.
Boudes à Castelmoron.
Cherère à Tournon.

Chabre à Sainte-Livrade.
Charbonneau à Porte-Sainte-Marie.
Châteaurenard (de) à Laroque.
Dat à Mezin.
Desalos à Laplume.
Dollfus à Houeilles.
Dupuy à Damazan.

Fallières à Nérac.
Faye à Marmande.
Fournier-Gorre à Fumel.
Lacaste à Breyssas.
Lafaurie à Cancon.
Laffitte-Lajoucanenque (de) à Astuffort.
Laporte à Penne.
Laus à Agen (2e canton).
Manin à Lauzun.
Marques à Beauville.

Martin à Casteljaloux.
Mayeu à Agen (1er canton).
Mouthus à Francescos.
Monthus à Lavardac.
Pomarède à Tonneins.
Pons à Monclar.
Richemont (de) à Seyches.
Sarrette à Montflanquin.
Soulhiol à Villeneuve.
N.. à Mas-d'Agenais, annulé.

LOZÈRE.

Formé de l'ancien Gévaudan et d'une partie du Languedoc.

C. d'app. de Nimes, acad. et div. milit. de Montpellier, évêch. de Mende. — 3 arrond.: Mende, Florac et Marvejols. — 24 cantons. — 194 communes. — Popul., 137,263 hab. — Superf., 514,795 hect.

MENDE, ch.-lieu. — *Préfet*, M. de Rochefort.

3 députés: MM. Chambrun (comte de), Colombet (de) et Roussel.

CONSEIL GÉNÉRAL.

André à la Canourgue.
Baffie à Grandrieu.
Bonnet à Châteauneuf.
Brun de Villeret (Edmond) au Malzieu
Campredon (de) à Barre.
Chambrun (de) à Villefort.
Chevalier au Bleymard.
Colombet (de) à Langogne.
Constant à Saint-Germain-du-Teil.
Deltour à Sainte-Enimie.
Espinassoux (d') à Marvejols.
Framond (de) à Masbinals.

Joly à Meyrueis.
Monteils à Mende.
Moré (de) à Serverette.
Pantel à Pont-de-Montvert.
Plagne à Fournels.
Portal à Aumont.
Rivière de Larque à Saint-Amans.
Roufliac à Chanac.
Roussel à Saint-Chély-d'Apcher.
Teissonnière à Florac.
Valcroze à Saint-Germain-de-Calberte.
Vors à Massegros.

MAINE-ET-LOIRE.

Formé de l'Anjou et du Saumurois.

C. d'app. d'Angers, acad. de Rennes, div. milit. de Nantes, évêch. à Angers. — 5 arrond.: Angers, Baugé, Cholet, Saumur et Segré. — 34 cantons. — 380 communes. — Popul., 532,325 hab.

ANGERS, ch.-lieu. — *Préfet*, M. le baron Léon Le Guay.

11 députés: MM. Beulé, Chatelin, Cumont (vicomte de), Delavau, Dufort de Civrac (comte de), Joubert (Ambroise), La Bouillerie (de), Maillé (comte de), Mayaud (Paul), Montrieux, Richard (Max).

CONSEIL GÉNÉRAL.

Abelard à Saumur (nord-ouest).
Andigné (le marquis d') à Segré.
Armaillé (le comte d') à Montrevault.
Arnous Rivière à Saint-Florent-le-Vieil
Benoist à Baugé.
Bruas è Saumur (nord-est).
Bury à Saumur (sud).
Cambourg (de) à Doué.
Chamellier (de) aux Ponts-de-Cé.

Chevallier à Chalonnes-sur-Loire.
Civrac (le comte de) à Beaupréau.
Gaillard à Seiches.
Genevraye (de) à Longué.
Gigot à Montreuil-Bellay.
Grignon à Gennes.
Guibourg à Pouancé.
Juchaux à Noyant.
Labourdonnaye (de) à Champtoceaux.

Le Chat de Tessecourt à Châteauneuf.
Lemotheux à Durtal.
Maillé à Angers (nord-est).
Maillé (le comte de) à Chemillé.
Mamert Couillon à Beaufort.
Mayaud (Paul) à Montfaucon.
Max Richard à Angers (sud-est).
Mieulle (de) au Louroux-Béconnais.
Parage-Farran à Angers (nord-ouest).

Pontgibaud à Villiers.
Richard (Camille) à Chollet.
Richou à Briollay.
Rochebouët (le général de) à Candé.
Roussier au Lion-d'Angers.
Soland (de) à Thouarié.
Walsh (le comte) à Saint-Georges-sur-Loire.

MANCHE.

Ancienne province de la Normandie.

C. d'app. de Caen, div. milit. de Rennes, évêch. de Coutances. — 6 arrond. : Saint-Lô, Avranches, Cherbourg, Coutances, Mortain et Valognes.—48 cantons. — 543 communes. — Popul., 573,899 hab. — Superf., 577,382 hect.

SAINT-LÔ, ch.-lieu. — *Préfet*, M. Vaultier.

11 députés : MM. Auxais (d'), Daru (comte), Foubert, Gaslonde, Germonière, Legrand (Arthur), Lenoël (Emile), Saint-Germain (de), Saint-Pierre (Louis de), Savary, Tocqueville (comte de).

CONSEIL GÉNÉRAL.

Aurais (d') à Saint-Sauveur-Lendelin.
Auray (le comte d') à Saint-Pois.
Bernard à Saint-Clair.
Blouet à Percy.
Bouelle à Montmartin-sur-Mer.
Bouvatier à Avranches.
Brécey (de) à Brécey.
Bréhier (Hippolyte) à Saint-Hilaire-du-Harcouët.
Canisy (de) à la Haye-Pesnel.
Coliquet à Ecury-sur-Coole.
Couville (de) à Octeville.
Dudezert à Saint-Malo-de-la-Lande.
Dufresne à Sainte-Mère-Eglise.
Fauchon à Isigny.
Faure à Châlons-sur-Marne.
Ferré des Ferris au Teilleul.
Foubert à Barneville.
Gallonde à Lesfay.
Gasté (de) à Cherbourg.
Goerg à Vertus.
Gouville à Carentan.
Grainville (de) à Mortain.
Hervé de Saint-Germain à Villedieu.
Kergorlay (le comte de) à Canisy.
Labiche à Sourdeval.
Legrand (Anatole) à Juvigny.

Legrand (Arthur) à Barenton.
Le Ghesdois à Tessy-sur-Vire.
Lemaître à Torigny-sur-Vire.
Le Marrois à Briquebec.
Le Menguonet à Granville.
Lenvel à Saint-Jean-de-Daye.
Rauline à Saint-Lô.
Saint-Pierre (de) à Sartilly.
Sainte-Marie (de) à Marigny.
Sanson à Ducey.
Lavoisy à la Haye-du-Puits.
Lepesant à Coutances.
Loyer à Pontorson.
Mesnildot (du) à Quettehou.
Morel à Saint-James.
Pain à Saint-Sauveur-le-Vicomte.
Piel Ferronnière à Gavraye.
Plaine à Bréhol.
Pontgibaud (de) à Montebourg.
Regnaud à Périers.
Savary à Cerisy-la-Salle.
Sehire à Valognes.
Sesmaisons (de) aux Pieux.
Tocqueville (Hippolyte de) à Beaumont.
Tocqueville (René de) à Saint-Pierre-Eglise.

MARNE.

Ancienne province de Champagne.

C. d'app. et acad. de Paris, div. milit. de Châlons, arch. de Reims, évêch. à Châlons. — 5 arrond.: Châlons, Épernay, Reims, Sainte-Menehould et Vitry-le-Français.—28 cantons. — 664 communes. —Popul., 390,309 hab. — Superf., 820,273 hect.

Chalons, ch.-lieu. — *Préfet*, M. Jousserandot.

8 députés : MM. Dauphinot, Flye-Sainte-Marie, Leblond, Margaine, Perrier (Eugène), Simon (Jules), Thomas (le docteur), Warnier.

CONSEIL GÉNÉRAL.

Aubilly (le baron d') à Ville-en-Tardenois.
Appert (le général) à Dommartin.
Bienfait à Reims (2e canton).
Barthélemy à Verzy.
Blandin à Epernay.
Boissonnet (le général) à Sézanne.
Bourgeois à Suippes.
Courmeaux à Reims (3e canton).
Daru à Montmirail.
Derevoge à Beine.
Château (du) à Bourgogne.
Chaubry (René de) à Montmort.
Desrousseaux à Châtillon.
Felcourt (Camille de) à Thieblemant.
Felcourt (Théobald de) à Sompuis.
Frappart à Heiltz-Maurupt.
Guyot-Prieur à Fère-Champenoise.
Laffrique à Vitry-le-Français.
Lasserre à Reims (1er canton).
Mareuil (de) à Ay.
Margaine à Sainte-Menehould.
Pibout à Saint-Remy-on-Bouzemont.
Pleure (le marquis de) à Anglure.
Ponsart à Marson.
Prin à Dormans.
Sarrazin à Fismes.
Tirlet (le vicomte de) à Ville-sur-Tourbe.
Varlet à Avize.
Villiers (de) à Esternay.

MARNE (HAUTE-).

Ancienne province de la Champagne.

C. d'app. et acad. de Dijon, div. milit. de Besançon, évêch. de Langres. — 3 arrond. : Chaumont, Langres et Vassy. — 28 cantons. — 550 communes. — Popul., 259,096 hab. — Superf., 625,403 hect.

Chaumont, ch.-lieu. — *Préfet*, M. Granger de la Marinière.

5 députés : MM. de Beurges (le comte de), du Breuil de Saint-Germain, de Joinville (le prince de), Lesperut (baron de), Peltereau-Villeneuve.

CONSEIL GÉNÉRAL.

Astier à Nogent-leRoi.
Baudoin (le gén.) à Bourmont. décédé.
Bernard à la Ferté-sur-Amance, ann.
Bourdet à Châteauvillain.
Beurgues (le comte de) à Andelot.
Bouron de Sarty à Doulevan.
Capitain à Joinville.
Cardier (du) à Arc-en-Barrois.
Cassot à Saint-Blin.
Colas à Chevillon.
Danelle-Bernardin à Vassy.
Deschanet à Neuilly-l'Evêque.
Du Breuil de Saint-Germain à Longeau.
Duchêne à Juzennecourt.
Genuyt à Prauthoy.
Gayé à Langres.
Henry à Varennes.
Lavocat à Vignory.
Lespérut à Poissons.
Linet de Saint-Germain à Montier-en-Der.
Mougeot à Chaumont.
Pasquier-Delignon à Doulaincourt.
Pélissier (le général) à Bourbonne.
Robert-Dehault à Saint-Dizier.
Rouot à Auberive.
Tricornot aîné (de) à Montigny.
Tricornot jeune (de) à Fays-Billot.
Voillemier à Clermont.

MAYENNE.

Formé du Maine et de l'Anjou.

C. d'app. d'Augers, acad. et div. milit. de Rennes, évêch. à Laval.—3 arrond.: Laval, Château-Gontier et Mayenne. — 27 cantons. — 274 communes. — Popul., 367,855 hab. — Superf.. 513,844 hect.

Laval, ch.-lieu. — *Préfet*, M. de Bassoucourt.

7 députés : MM. Bigot, Boullier de Branche, Duboys-Fresnay, Gaulthier de Vaucenay, Lechatelain, Le Lasseux, Vilfeu.

CONSEIL GÉNÉRAL.

Aniel à Craon.
Bruneau à Villaines.
Couleurd Jullietrie à Sainte-Suzanne.
Denis à Mayenne (ouest).
Dubois-Fresnay (le général) à Laval (est).
Fay (Jules) à Chailland.
Férou à Mayenne (est).
Fichet à Pré-en-Pail.
Foucault Vauguyon à Argentré.
Fournier à Châteaugontier.
Gasté au Horps.
Janin à Evron.
Lagrange (de) à Ambrières.

Le Dauphin Dubourg à Landivy.
Lelasseux à Grez-en-Brouère.
Le Marchant à Lassay.
Le Monnier de Larière à Meslay.
Leray, duc d'Abrantès à Gorron.
Moricière à Couptrain.
Plazanet (de) à Mont-Surs.
Pourria à Saint-Aignan-sur-Roé.
Quatrebarbes (de) à Bierné.
Rebillard à Cossé-le-Viviez.
Renault-Morlière à Ernée.
Roussel à Bais.
Raphaël Toutain à Laval (ouest).
Vaujuas (le marquis de) à Loiron.

MEURTHE-MOSELLE.

Ancienne province de la Lorraine.

C. d'app., acad. et div. milit. de   , évêch. à Nancy, — 6 arrond. : Nancy, Lunéville, Sarrebourg, Toul, Château-Salins et de l'arrond. de   détaché du département de la Moselle. —   cantons. —   communes. — Popul.,   hab. — Superf.,   hect.

Nancy, ch.-lieu. — *Préfet*, M. de Montesquiou.

Meurthe. — 7 députés : MM. Ancelon, Berlet, Brice, Claude, Laflize, Varroy, Viox.

Moselle. — 2 députés : MM. Bamberger, Deschange.

CONSEIL GÉNÉRAL.

Chevandier (Eugène) à Cirey.
Collard à Vezelize.
Collin à Toul (nord).
Comon à Longuyon.
Cosson à Lunéville (nord).
Cournault à Colombet.
Debuisson à Bayon.
Denis à Gerbeviller.
Duvaux à Nancy (ouest).
Fayon (Félix) à Gorze.
Fayon (Jules) à Conflans.
Fervel (le colonel) à Nomeny.
Gourier à Pont-à-Mousson.
Hamonville (d') à Domèvre.

Ladoucette (de) à Audun-le-Roman.
Lambelle (le comte de) à St-Nicolas.
Marquis à Thiaucourt.
Michaut (Paul) à Baccarat.
Mathis de Granseille à Blâmont.
Molitor (le comte) à Arracourt.
Noblot à Nancy (nord).
Oferelle à Longwy.
Petitbien à Toul (sud).
Putegnat à Lunéville (est)
Rollin à Bricy.
Varroy à Nancy (est).
Welche à Haroué.

MEUSE.

Ancienne province de la Lorraine.

C. d'app. et acad. de Nancy, div. milit. de   , évêch. à Verdun. — 4 arrond. : Bar-le-Duc, Commercy, Montmédy et Verdun, — 28 cantons. — 587 communes. — Popul., 304,653 hab. — Superf., 620,555 hect.

Bar-le-Duc, ch.-lieu. — *Préfet*, M. Vimont.

6 députés : Benoît, Billy, Bompard, Gillon Paulin, Grandpierre, Picard (Ernest).

CONSEIL GÉNÉRAL.

Abancourt (d') à Clermont-en-Argonne.
Bazoche à Commercy.
Benoît à Verdun.
Bonoist (de) à Triaucourt.
Billy à Spincourt.
Bompard à Bar-le-Duc.
Bonvié à Vaucouleurs.
Brion à Saint-Mihiel.
Chadenet (Henri) à Damvillers.
Delaval à Montmédy.
Fabry (Paul) à Etain.
Gauvain à Souilly.
Godard à Montfaucon.
Grillot à Charny
Guillaume à Gondrecourt.

Guillaume à Varincourt.
Jacquot (Jules) à Ancerville.
Klobstein (de) à Fresne-en-Woëvre.
Lapisse (de) à Stenay.
Millon à Vaubécourt.
Nettancourt (de) à Pierrefitte.
Pagès à Void.
Préfontaine (de) à Varennes-en-Argonne.
Roussel à Revigny.
Saint-Balmont (de) à Dun-sur-Meuse.
Salmon à Vigneulle.
Simon à Ligny.
Vivaux à Moutiers-sur-Saulx.

MORBIHAN.

Ancienne province de la Bretagne.

C. d'app., acad., div. milit. de Rennes, évêch à Vannes. — 4 arrond. : Vannes, Lorient, ci-devant Napoléonville Pontivy et Ploermel.—37 cantons. — 246 communes. — Popul., 504,084 hab. — Superf., 695,761 hect.

Vannes, ch.-lieu. — *Préfet*, M. Charles Delpon.

10 députés : MM. Audren de Kerdrel, Bouché, Dahirel, Fresneau, Gouvello (le marquis de), Jaffré (abbé), Keridec (de), Monneraye (de la), Pioger (de), Trochu (général).

CONSEIL GÉNÉRAL.

Beauvais à Lorient (1er canton).
Beauvais à Lorient (2e canton).
Bertic à Quiberon.
Bouëtiez de Kerorguen (du) à Hennebont.
Bourdonnaye (de La) à Granchamp.
Caradec à Elven.
Cadoudal (de) à Saint-Jean-Brévelay.
Bodan (du) à Vannes (est).
Bot (le comte du) à Guer.
Dano à Belz.
Duplessis de Grenedan à la Trinité-Porthoël.
Even à la Gacilly.
Forges (de) à Allaire.
Guyonnar à Pont-Scorff.
Guyot de Salins à Auray.
Kercado à la Roche-Bernard.
Kerdrel (de) à Rochefort.
Lalys à Sarzeau.

Lambilly (de) à Laminé.
Langlier à Pontivy.
Lefranc à Questembert.
Lorois à Muzillac.
Mauricet à Vannes (ouest).
Monneraye (de la) à Malestroit.
Morel à Baud.
Morlaye (de la) à Mauron.
Nautois (de) à Port-Louis.
Perrien (de) à Pluvigner.
Peschard à Ploërmel.
Pluvié (de) à Piouais.
Rault de La Vigne à Rohan.
Revel à le Faoët.
Rochard à Cleyeurec.
Rohan (le duc de) à Jossolin.
Steinfort à Gourin.
Trochu (le général) à Belle-Isle.
Villeneuve à Guéméné.

NIÈVRE.

Ancienne province du Nivernais.

C. d'app. de Bourges, acad. de Dijon, div. milit. de Bourges, évêch. à Nevers. — 4 arrond.: Nevers, Château-Chinon, Clamecy et Cosne. — 25 cantons — 313 communes. — Popul., 342,773 hab. — Superf., 686,619 hect.

Nevers, ch.-lieu.— *Préfet*, M. Paul Odent.

7 députés : MM. Benoist-d'Azy (comte), Bouillé (comte de), Ducrot (général), Girerd (Cyprien), Lebas, Martin (Charles), Paultre.

CONSEIL GÉNÉRAL.

Aubespin (de l') à Pouilly.
Bonneau-du-Martray (le colonel) à Lury.
Certaines (de) à Corbigny.
Dominique à Decize.
Espeuilles (le général d') à Moulins-Engilbert.
Faulquier à Clamecy.
Frigolet à Prémery.
Gautherin à Montsauche.
Gillois à Saint-Amand.
Girerd, député, à la Charité.
Gudin du Pavillon (Emile) à Tannay.
Hanoteaux à Flours.
Labrosse (de) à Lormes.
Limet à Cosne.
Macé à Pougues-les-Eaux.
Maillet à Donzy.
Marcy (de) à Varay.
Martin de Chanteloup à Brinon.
Merceret à Saint-Benin-d'Azy.
Pracomtal (de) à Châtillon.
Robin à Dormes.
Saint-Léon (de) à Château-Chinon.
Savigny (de) à Saint-Saulge.
Turigny à Nevers, option.
Turigny à Saint-Pierre-le-Moutier, annulé par option.

NORD.

Formé du Hainaut, du Cambraisis et de la Flandre.

C. d'app. et acad. de Douai, div. milit. de Lille, arch. à Cambrai.—7 arrond.: Lille, Avesnes, Cambrai, Donai, Dunkerque, Hazebrouck et Valenciennes.— 60 cantons. — 660 communes. — Populat., 1,392,044 hab. — Superf., 567,863 hect.

Lille, ch.-lieu. — *Préfet*, M. Séguier.

28 députés : MM. Baucarne-Leroux, Boduin, Bottieau, Brabant, Brame (Jules), Brigode (de), Corcelle (de), Corne, Descat, Faidherbe (général), Hespel (comte d'), Kolb-Bernard, Lagrange (baron de), Lambrecht, Leurent, Marcère (de), Maurice, Melun (comte de), Merode, Pajot, Plichon, Roger du Nord, Rotours (des), Staplande (de), Testelin, Thery, Vente, Wallon.

CONSEIL GÉNÉRAL.

Beck à Steenvoorde.
Bergerot à Wormhoudt.
Stievenard–Béthune à Cambrai (est).
Billet (Alfred) à Arleux.
Boulangé au Quesnoy (est).
Brame (Jules) à Cysoing.
Carlier à Bouchain.
Carnières (de) à Maubeuge.
Chombart à Bassée.
Clavons (Louis) à Trélon.
Cousemacker à Bourbourg-Campagne.
Crapez à Bavai.
Crépin à Marcoing.
Cuel à Hondschoote.
Danelle à Douai (ouest).
Delerue à Saint-Amand (rive droite).
Delporte-Bayard à Roubaix (ouest).
Doregnaucourt à Roubaix (est).
Descat à Lannoy.
Desmoutiers à Pont-à-Marcq.
Desmyttère à Cassel.
Rotours (des) à Orchies.
Desrousseaux à Quesnoy-sur-Deule.
Doussard à Gravelines.
Duquenne à Merville.
Du Temple à Clary.
Duthilleul à Lille (nord-est).
Emond à Berlaimont.
Faidherbe (le général) à Lille (centre).
Fiévet à Douai (sud).
Guillemin à Avesnes (nord).
Hespel (d') à Haubourdin.
Hubert-Dancette à Armentières.
Joetz de Metershof à Hazebrouck (nord).
Joos à Bergues.
Hamoir à Valenciennes (est).
Lambrecht à Marchiennes.
Legrand à St-Amand (rive gauche).
Legrand (Louis) à Valenciennes (sud).
Leleux à Cambrai (ouest).
Lemaire à Dunkerque (est).
Lépine (de) au Quesnoy (ouest).
Levent à Bavay.
Leurent à Tourcoing (sud).

Lothé (Léon) à Bailleul.	Rouez à Solre-le-Château.
Macarez-Lesne à Solesmes.	Roussel-Defontaine à Tourcoing (nord).
Mailliet à Avesnes (sud).	Saint-Léger à Lille (ouest).
Marsilly (de) à Valenciennes (nord).	Seydoux fils au Cateau.
Massiet du Biest à Hazebrouck (sud).	Soufllet (Marie) à Landrecies.
Maurice à Douai (nord).	Telliez-Béthune à Carnière.
Morisson à Lille (sud-est).	Testelin à Lille (sud-ouest).
Plichon à Bailleul (sud-ouest).	Trystram à Dunkerque (ouest).
Renard père à Condé.	Van der Sræten à Seclin.

OISE.

Ancienne province de l'Ile-de-France.

C. d'app. d'Amiens, acad. et div. milit. de Paris, évêch. à Beauvais.—4 arrond. :
Beauvais, Clermont, Compiègne et Senlis. — 35 cantons. — 703 communes.
— Popul., 401,447 hab. — Superf., 584,424 hect.

BEAUVAIS, ch.-lieu. — *Préfet*, M. Choppin.

8 députés : MM. Aigle (comte de l'), Aumale (duc d'), Desjardins, Kergorlay
(comte de), Labitte, Leroux (Émile), Mornay (marquis de), Perrot.

CONSEIL GÉNÉRAL.

Aigle (le vicomte de l') à Ribécourt.	Lagarde à Attichy.
Aumale (le duc d') à Clermont.	Lagrène à Auneuil.
Balny à Lassigny.	Rochefoucauld (de a) Là Liancourt.
Benoist à Beauvais (sud-ouest).	Levavasseur (Eugène) à Froissy.
Boudeville à Méru.	Levavasseur (Gustave) à Breteuil.
Broë (de) à Saint-Just-en-Chaussée.	Malherbe (de) à Beauvais (nord-est).
Brossard de Beauchesne à Formerie	Meurinne à Estrée-Saint-Denis.
Caix (de) à Senlis.	Moison à Mouy.
Chatenay (de) à Crèvecœur.	Morrelle (de) à Nanteuil.
Collinet à Neuilly-en-Thelle.	Mouchy (le duc de) à Noailles.
Condé (de) à Creil.	Picard à Crépy.
Corberon (de) à Mivillers.	Plé (Just) à Marseille.
Dupont à Songeons.	Saget (le général) à Grandvilliers.
Gobineau (de) à Chaumont.	Tocqueville (de) à Ressons.
Harlé à Pont-Sainte-Maxence.	Villars (de) à Noyon.
Floquet à Compiègne.	Wallon à Betz.
Hubert à Guiscard.	Wallon (Michel) à Coudray-Saint-
Lagache (Célestin) à Maignelay.	Germer.

ORNE.

Ancienne province de la Normandie.

C. d'app. et acad. de Caen, div. milit. de Rouen, évêch. à Séez.— 4 arrond. :
Alençon, Argentan, Domfront et Mortagne. — 36 cantons. — 510 communes.
— Popul., 414,648 hab. — Superf., 989,206 hect.

ALENÇON, ch.-lieu. — *Préfet*, M. de Vaufreland.

8 députés : MM. Audiffret-Pasquier (duc), Beau, Christophle, Duportail, Gevelot,
Grollier, La Sicotière (de), Lherminier.

CONSEIL GÉNÉRAL.

Abbadie au Theil.	Marigues de Champrepus à Ecouché.
Banville (de) à Tinchebrai.	Charancé (le comte de) à Tourouvre.
Boiszenault au Meurlerault.	Coutades (de) à la Ferté-Macé.
Bourgoing à Mortagne.	Cumont (de) à Courtomer.
Bouteiller à la Ferté-Fresnel.	Delacroix à Gracé.
Caulaincourt (de) à Putanges.	Delorme (Achille) à Bellène.

Dugué de a LFauconnerie à Nocé.
Dumesnil à Bazoches-sur-Hoëne.
Duportail à Pervenchères.
Flers (de) à Exmes.
Fleury à Moulins-la-Marche.
Gévelot à Messei.
Ferrière (de La) à Athis
Landais à Juvigné-sous-Andaine.
Dautour à Argentan.
Lebas à Laigle.
Libert à Passais.
Leroyer à Carrouges.
Levavasseur à Briouze.

Lherminier à Alençon (est).
Mackau (de) à Vimoutiers
Montault (de) à la Ferté Frênel.
Peltereau à Thrun.
Poriquet à Mortrée.
Poupet à Alençon (ouest).
Roederer (le comte) à Mêle - sur-Sarthe.
Sagot à Rémalard.
Saint-Laurent (de) à Domfront.
Schnetz à Flers.
Sénéchal à Séez.
Viennay (de) à Longny.

PAS-DE-CALAIS.

Ancienne province de la Picardie.

C. d'app. et acad. de Douai, div. milit. de Lille, évêch. à Arras. —6 arrond.. Arras, Béthune, Boulogne, Montreuil, Saint-Omer et Saint-Pol. —42 cantons: — 903 communes. — Popul., 749,777 hab. — Superf., 660,000 hect.

ARRAS, ch.-lieu. — *Préfet*, M. le comte de Rambuteau.

15 députés : MM. Adam, Bryas (comte de), Clercq (de), Diesbach (comte de), Douay, Dussaussoy, Faidherbe (général), Fouler de Relingue (comte), Hamille (Victor), Martel, Paris, Partz (marquis de), Rincquesen (de), Saint-Malô (de), Wartelle de Retz.

CONSEIL GÉNÉRAL.

Amil à Campagne.
Ansart-Rault à Boulogne (sud).
Avrincourt (le marquis d') à Bertin-court.
Boisleux à Croisilles.
Branne à Lens.
Cappe au Parcq.
Clercq (de) à Carvin.
Contes (de) à Fruges.
Dansou à Cambrin.
Degrave à Saint-Omer (nord).
Delhaye à Calais.
Delhomel à Montreuil.
Deruelle à Avesnes-le-Comte.
Deusy à Bapaume.
Dewailly à Marquise.
Dubrulle à Vimy.
Dufour à Samer.
Duhamel à Saint-Omer (sud).
Evérard à Andrulck.
Florent-Lefebvre à Vitry.
Fouler de Relingue (le comte) à Lillers.
Fourment (le baron de) à Auxi-le-Château.

Francoville à Ardres.
Gody à Guines.
Graux à Saint-Paul.
Hamille (député) à Campagne.
Henry à Boulogne (nord).
Hermary à Houdain.
Jourdain à Hucquelier.
Lambert à Aire.
Langlet à Arras (nord).
Lauthier à Marquion
Lebleu à Laventie.
Leflon à Hesdin.
Leloup à Arras (sud).
Lisle-Engrand (de) à Béthune.
Louvencourt (de) à Pas.
Mathieu à Aubigny.
Monnecove (de) à Fauquembergues.
Partz (le marquis de) à Heuchin.
Quenson à Lumbres.
Rosamel (de) à Etaples.
Seneca à Desvres.
Sens à Beaumetz-les-Loges.
Vast à Norrent-Fontes.

PUY-DE-DOME.

Ancienne province de l'Auvergne.

C. d'app. de Riom, acad., div. milit. et évêch. à Clermont-Ferrand. —5 arrond.:

Clermont, Ambert, Issoire, Riom et Thiers.—50 cantons.— 516 communes.
— Popul., 571,690 hab. — Superf., 800,679 hect.

CLERMONT, ch.-lieu. — *Préfet*, M. Delmas.

11 députés : MM. Barante (baron de), Bardoux, Chabrol (de), Douhet (comte de), Féligonde (de), Lacombe (Ch. de), Moulin, Roux (Honoré), Salneuve, Tallon et Vimal-Dessaignes.

CONSEIL GÉNÉRAL.

Armilon à Ambert.
Arnould à Combronde.
Arteix à Clermont (sud).
Aubergier à Besse.
Barante (de) à Saint-Remy.
Bardoux à Saint-Amand-Tallende.
Barrière (Claude) à Saint-Germain-l'Herm.
Bayle à Lezoux.
Bergougnioux à Maringues.
Bertrand à Tauves.
Blancheton à Saint-Athème.
Boudet de Bardou à Riom (ouest).
Burin des Roziers à Pont-du-Château.
Chalus à Saint-Amand-Roche-Savine.
Chassaigne à Arlanc.
Chassaigne à Chateldon.
Chauvassaigne à Clermont (sud-ouest).
Chauvassaigne (Paul) à Pontaumur.
Chomette à Thiers.
Costilhes à Saint-Dier.
Dumas à Courpière.
Duranthon-Lachassagne à Olliergues.
Fustier-Regis à Cunlhat.
Gerzat à Ennezat.
Girard à Riom (est).

Girot-Pouzel à Saint-Germain-Lembron.
Goulay à Sauxillanges.
Granet à Viverois.
Guyot La Valine à Vic-le-Comte.
Farge (de La) à Rochefort.
Laroche à Billom.
La Roche à Jumeaux.
Laville à Montaigut.
Ledru à Clermont (nord).
Leguay à Randan.
Maillargues (de) à Ardes.
Mallet à Champeix.
Mangerel à Pionsat.
Martha-Becker à Aigueperse.
Mauzat-Laroche à Menat.
Montlauzier (de) à Pontgibaud.
Moulin à Latour-d'Auvergne.
Naffre à Issoire.
Tardieu à Herment.
Narjot de Thoucy à Bourg-Lastic.
Pyrent de Laprade à Clermont (est).
Roux à Saint-Gervais.
Tallon à Manzat.
Tixier à Veyre-Monton.
Vigeral à Vertaizon.

PYRÉNÉES (BASSES).

Formé du Béarn et des pays Basques de Soule, de Navarre et de Labour.

C. d'app. de Pau, acad. de Bordeaux, div. milit. et évêch. à Bayonne. — 5 arrond. : Pau, Bayonne, Oloron-Sainte-Marie, Orthez et Mauléon. — 40 cantons. — 559 communes. — Populat., 435,486 habit. — Superf., 457,832 hect.

PAU, ch.-lieu. — *Préfet*, M. le marquis de Nadaillac.

9 députés : MM. Barthe, Daguenet, Duclerc, Dufaur (Xavier), Gontaut-Biron (vicomte), Jaureguiberry (amiral), La Caze, Lestapis (de), Renaud (Michel).

CONSEIL GÉNÉRAL.

Arcangues (d') à Ustarits.
Arripe (d') à Sauveterre.
Barthe à Pau (est).
Bataille (de) à Laruns.
Berguerie à Mauleon-Lichrac.
Bordenave à Morlans.
Cadaillon à Monein.
Carral de Duisteguy (de) à Saint-Jean-de-Luz.
Carrère à Oloron-Sainte-Marie (est).

Castarède (de) à Pau (ouest).
Cauhapé à Aramits.
Celhabe à Bidache.
Chesnelong à Orthez.
Costadoat à Lescar.
Daguenet à Saint-Palais.
Daran à Arudy.
Dasconaguerre à la Bastide-Clairenu.
Dauphole à Bagnères.
David à Espelettes.

Domercq (de) à Arzacq.
Dufaur à Navarrenx.
Garro (de) à Hasparren.
Harrispe à Saint-Etienne-de-Bai-
  gorry.
Irumberg (d') à Saint-Jean-Pied-de-
  Port.
Jairraillé à Accous.
Laborde à Bayonne (nord-ouest).
Lacase (Louis) à Lasseule.
Lafont à Bayonne (nord-est).
Lamothe d'Incamps à Oloron-Sainte-
  Marie (ouest).

Lestapies (de) à Arthez.
Luppé (de) à Nay (ouest).
Meuvieille (de) à Montaner.
Merillon à Nay (est).
Montréal (de) à Tardet-Saholus.
Peyrusse à Pontacq.
Planté à Lagor.
Pommier à Salies.
Quintara à Garlin.
Rivarez à Thèze.
Saint-Jayme (de) à Tholdy.
Yermoloff à Lembeye.

PYRÉNÉES (HAUTES-).

Formé du Bigorre et des Quatre-Vallées.

C. d'app. de Pau, acad. de Toulouse, évêch. à Tarbes. — 3 arrond. : Tarbes,
Bagnères-de-Bigorre et d'Argelès. — 26 cantons. — 480 communes. —
Popul., 240,252 hab. — Superf., 464,531 hect.

TARBES, ch.-lieu. — *Préfet*, M. Féraud.

5 députés : MM. Adnet, Desbons, Ducuing, Franclieu (marquis de), Goulard (de)

CONSEIL GÉNÉRAL.

Armon (d') à Pouyastruc.
Balencie à Aucun.
Baudens à Castelnau-Magnoac.
Borders à Vic.
Castets à Galan.
Cazala à Lannemezan.
Cazaux à Ossun.
Cénac à Argelès.
Duffa à Vielle-Aure.
Dupré à Tarbes (nord).
Fouton à Bordères.
Goulard (de) à Arreau.
Gucaze à Campan.

Lacome à Castelnau-Rivière-Basse.
Laffaille à Tarbes (sud).
Lapeyre à Lourdes.
Lasserre à Maubourguet.
Latour à Trie.
Merens (de) à Rabastens.
Pedebidou à Tournay.
Pomes à Saint-Pé.
Porterie à Labarthe.
Ricaud à Saint-Laurent.
Saint-Paul (de) à Mauléon-Barousse.
Vergez à Luz.

PYRÉNÉES-ORIENTALES.

Formé d'une partie de l'ancien Roussillon.

C. d'app. et acad. de Montpellier, div. milit. et évêch. à Perpignan. — 3 arrond. :
Perpignan, Céret et Prades. — 17 cantons. — 231 communes. — Popul.,
181,763 hab. — Superf., 414,376 hect.

PERPIGNAN, ch.-lieu. — *Préfet*, M. Cantonnet.

4 députés : MM. Arago (Emmanuel), Escarguel, Guiter, Lefranc (Pierre).

CONSEILS GÉNÉRAUX.

Battle à Olette.
Bolluix à Perpignan (ouest).
Corne à Arles-sur-Tech.
Escanye à Thuir.
Escarguolle à Vinça.
Farine à Rivesaltes.
Ganetat à Saillagouse.
Massot (Justin) à Latour-de-France.
Massot (Paul) à Perpignan (est).

Pallarès à Mont-Louis.
Plane à Ceret.
Pujols à Argelès-sur-Mère.
Ramon à Millas.
Romeu à Prades.
Renet à Saint-Paul.
Serradel à Prats-de-Mollo.
Tisseyre à Sournia.

Manuel C. G.   9

RHONE.

Formé du Lyonnais et du Beaujolais.

C. d'app., acad., 8e div. milit. et archev. à Lyon. — 2 arrond. : Lyon et Villefranche. — 28 cantons. — 261 communes. — Popul., 678,648 habit. — Superf., 270, 424 hect.

LYON, ch.-lieu. — *Préfet,* M. Valentin.

13 députés : **MM.** Ducarre, Favre (Jules), Flotard, Glas, Laprade (de), Le Royer, Mangini, Millaud, Morel (Jules), Mortemar (marquis de), Ordinaire fils, Perret, Saint-Victor (de).

CONSEIL GÉNÉRAL.

Albon (d') à Tarare.
Bonnevais à la Mure.
Carle à Lyon (5e canton).
Dalin à Arbresle.
Durand à Lyon (6e canton).
Falconnes à Lyon (1er canton).
Fenoyl à Saint-Laurent-de-Chamousset.
Feuga à Vaugnetay.
Feuillet à Villeurbanne.
Freynes à Saint-Genis-Laval.
Gailleton à Lyon (2e canton).
Grinaud à Lyon (8e canton).
Grosbon à Beaujeu.
Jourdan à Limonest.
Lassalle au Bois-d'Oingt.

Mangini (Lucien) à Saint-Symphorien-sur-Coix.
Michaud à Lyon (3e canton).
Millaud à Thizy.
Monégouin à Villefranche.
Ordinaire à Neuville.
Parceint à Bellevile.
Parodon à Lyon (4e canton).
Perret à Lyon (7e canton).
Picard à Givors.
Plasson à Coudrieu.
Rejaunier à Amplepuis.
Richard Vacheron à Monsols.
Rivière à Mornant.
Thómas à Anse.

SAONE-ET-LOIRE.

Formé d'une partie de la Bourgogne.

C. d'app. de Dijon ; acad. et div. milit. de Lyon ; évêch. à Autun. — 5 arrond.: Mâcon, Autun, Châlon-sur-Saône, Charolles et Louhans. — 49 cantons. — 586 communes. — Popul., 600,006 hab. — Superf., 856,410 hect.

MACON, ch.-lieu. —*Préfet,* M. Regnolt.

12 députés : **MM.** Alexandre (Charles), Jordan, Boysset, Daron, Dureault, Guiche (marquis de La), Lacretelle (de), Guillemau (général), Mathieu (Ferdinand), Pellissier (Victor, général), Renaud (Félix), Rolland (Charles).

CONSEIL GÉNÉRAL.

Alexandre (Alexis) à Saint-Léger-sous-Beuvray.
Ballard à Mâcon (sud).
Baudin à Montcenis.
Benoist à Verdun-sur-le-Doubs.
Bessard à Tournus.
Boisset à Chalons (nord).
Bouilloud à Lugny.
Boullet à Mâcon (nord).
Carion à Toulon-sur-Arroux.
Chabrillan (de) à Palinges.
Chagot (Léonce) à Mont-Saint-Vincent.
Chalonge (de) à Paray-le-Monial, an.

Championnet à Gueugnon, annulé.
Cheuzeville à Saint-Bonnet-de-Zoux.
Daron à Saint-Germain-du-Plain.
Druard à Chalons (sud).
Dulac à Buxy.
Flochon à Sennecey-le-Grand.
Gilliot à Lucenay-l'Evêque.
Gouin à Charolles.
Goujon à Givry.
Goyne à Chauffailles.
Guichard à Pierre.
Guillemaut à Louhans.
Charme (de a) La Matour.
Lacroix à la Clayette.

Lagandre à Cluny.
Logerotte aux Cuiseaux.
Martin à Couches-les-Mines.
Mathey à Saint-Germain-du-Bois.
Mathey (Alfred) à Saint-Gengoux-le-Royal.
Mathey (Hipp.) à Montret.
Palanchon à Cuisery.
Pélissier (le général) à la Chapelle-de-Guinchay.
Pernette à Autun.
Pinart à Issy-l'Évêque.
Rambaud à Digoin.

Reynaud à Mesyres, annulé.
Ricard à Chugny.
Roberjon à la Guiche.
Rochefort (de) à Semur-en-Brionnais.
Rouget à Montpont.
Sarieu à Bourbon-Lancy.
Schneider au Creuzot.
Sorlin à Marcigny.
Thomas à Tramayes.
Truchot à Epinac.
Vincent à Beaurepaire.
Violot à Saint-Martin-en-Bresse.

SAONE (HAUTE-).

Ancienne province de la Franche-Comté.

C. d'app., acad., 7e div. milit. et évêch. de Besançon. — 3 arrond. : Vesoul, Gray et Lure. — 28 cantons. — 583 communes. — Popul , 347,706 hab.— Superf., 545,000 hect.

Vesoul, ch.-lieu. — *Préfet,* M. de Bardonnet.

6 députés : MM. Andelarre (marquis d'), Courcelle, Dufournel, Grammont (marquis de), Marmier, Ricot.

CONSEIL GÉNÉRAL.

Alviset à Marnay.
Bailly à Nauroy-le-Bourg.
Barat à Autrey-les-Gray.
Besançon à Luxeuil.
Boisseaux à Rioz.
Bouvot (du) à Vitrey.
Briot à Jusset.
Courcelles (Jules) à Montlhozon.
Desloye à Champagney.
Fromentel à Champlitte.
Gourgaud (baron) à Fresne-saint-Mamès.
Jobard à Gray.
Lanoir à Faucogney.
Grammont (de) à Villersexel.

Lombeley à Melisey.
Maistre à Port-sur-Saône.
Marmier (de) à Dompierre-sur-Solon.
Marquisot à Saint-Loup-sur-Sémouse.
Marquizet à Pesmes.
Martelet à Lure.
Meillier à Vesoul.
Michel à Sauls.
Noblot à Héricourt.
Paillard-Duclaire à Ballon.
Ricot à Vauvillers.
Roger Galmiche à Amance.
Sirautot à Scey-sur-Saône.
Villemot à Combeaufontaine.
Villequez à Gy.

SARTHE.

Formé du Maine et de l'Anjou.

C. d'app. d'Angers; acad. de Caen : div. milit. de Tours ; évêch. au Mans.— 4 arrond. : le Mans, la Flèche, Mamers et Saint-Calais. — 33 cantons.— 386 communes. — Popul., 463,619 hab. — Superf., 620,592 hect.

Le Mans, ch.-lieu. — *Préfet,* M. de Tassin.

9 députés : MM. Bernard-Dutreil, Busson-Duviviers, Caillaux, Gosselin de Fresnay, Haentjens, Juigné (marquis de), La Rochefoucauld-Bisaccia (duc de), Talhouët (marquis de), Vetillard.

CONSEIL GÉNÉRAL.

Aillières à la Fresnay.
Andigné de Restau (d') à Brulon
Beaurepaire (de) à Mamers.

Bouttevin à Mayet.
Chardon à Marolles-les-Braults.
Chevallier à la Ferté-Bernard.

Corbelet au Mans (3e canton).
Cossenard à Loué.
Courtillier à Sabblé.
Deschamps à Vibraye.
Dobremer à Sillé-le-Guillaume.
Drouin à Montmirail.
Dumans à Beaumont-sur-Sarthe·
Foulard à Tuffé.
Galpin à Pontavlain.
Gentil à la Chartre.
Girard à Bonnétable.
Grollier à la Flèche.
Hatton à Fresnay.
Jousse-Martinière à Ecommoy, annulé.
Langlois à Montfort.
Lasuze (de) à Malicorne.
Lemounier à Château-du-Loir.
Picbard à Saint-Calais.
Renard au Grand-Lucé.
Rubillard au Mans (2e canton).
Roussel à Bouloire.
Saint-Albin (de) à Saint-Paterne.
Talhouët (le marquis de) au Lude.
Terrien à la Suze.
Touchard à Conlie.
Vetillard au Mans (1er canton).

SAVOIE.

Formé de l'ancien duché de Savoie.

C. d'app., acad., div. milit. et évêch. à Grenoble. — 4 arrond. : Chambéry, Albertville, Moutiers et Saint-Jean-de-Maurienne.—28 cantons.—327 communes. — Popul., 275,039 hab. — Superf., 638,420 hect.

CHAMBÉRY, ch.-lieu. — *Préfet*, M. Guiter.

5 députés : MM. Carquet, Costa de Beauregard, Guinard, Parent, Viallet.

CONSEIL GÉNÉRAL.

Alexandrie (d') à Chamoux.
Aymonnier au Châtelard.
Bel à Montmélian.
Berard à Aime.
Berthet à Ugines.
Carquet à Bourg-Saint-Maurice.
Chevallay à Chambéry (nord).
Degaillon à Aix-les-Bains.
Durand (César) à Saint-Michel.
Falquet à la Rochette.
Frimy à la Motte-Servolex.
Grange-Hubert à Aiguebelle.
Goubert à Yenne.
Gravier à Modane.
Horteur à la Chambre.
Jacquemond à Moutiers.
Joubert à Pont-de-Beauvoisin.
Laissus à Bozel.
Magnin à Saint-Genix.
Millioz aux Echelles.
Molin (Lucien) à Lanslebourg.
Molliet à Beaufort.
Petit à Saint-Jean-de-Maurienne.
Python à Chambéry (sud).
Rassel à Albens.
Rey à Albertville.
Rey à Gresy-sur-Isère.
Vachaud à Ruffieux.

SAVOIE (HAUTE).

Formé d'une partie de la Savoie.

C. d'app., acad. et évêch. d'Annecy; div. milit. de Grenoble. — 4 arrond. : Annecy, Bonneville, Saint-Julien et Thonon. — 28 cantons. — 310 communes. — Popul., 273,768 hab. — Superf., 638,439 hect.

ANNECY, ch.-lieu. — *Préfet*, M. Philippe (Jules).

5 députés : MM. Chardon, Duparc, Folliet, Silva (Clément), Taberlet.

CONSEIL GÉNÉRAL.

Agnelet à Thônes.
Bastien (père) à Frangy.
Bouloz à Thonon.
Blonay (le baron de) à Evian.
Boccard à Abondance.
Boignes (le comte de) à Douvaine.
Bouchet à Cruzeilles.
Brunnier à Annecy (sud).
Burgal à Saint-Gervais.
Chardon à Bonneville.
Chaumonteil à Annecy (nord).
Chautemps à Saint-Julien.

Curral à Sallanches.
Dagand à Alby.
Delavenay à Seyssel.
Dupuis à Cluses.
Gallige à Faverges.
Jordan au Biot.
Mongelaz à Reignier.
Mouchet à Boëge.

Orsat (Constant) à Chamonix.
Pacthod à Saint-Jeoire.
Péréard à Annemasse.
Perret à Samoëns.
Petellat à Rumilly.
Plantard à la Roche.
Roussy (de) à Thorens.
Tetaz à Taninges.

SEINE.

Ancienne province de l'Ile-de-France.

C. d'app., acad., div. milit. et archev. à Paris. — 3 arrond. commun. : Paris, Saint-Denis et Sceaux. — 20 arrond., non compris 8 cantons. — 70 communes. — Popul., 2,150,916 hab. — Superf., 47,455 hect.

PARIS, capitale de l'Etat. — *Préfet*, M. Léon Say.

43 députés : Blanc (Louis), Quinet (Edgar), Saisset (amiral), Pothuau (amiral), Brisson, Thiers, Sauvage, Bernard (Martin), Marc Dufraisse, Greppo, Langlois, Frébault (général), Vacherot, Brunet (Jean), Tolain, Littré, Arnaud (de l'Ariége), Say (Léon), Tirard, Adam (Edmond), Peyrat, Farcy, Wolowski, André (Alfred), Pernolet, Louvet, Dietz-Monin, de Pressensé, Gambetta, Corbon, Morin (Paul), Denormandie, de Cissey (général), Krantz, de Plœuc (marquis), Scheurez-Kestner, Laboulaye-Lefèvre, Lefébure, Laurent-Pichat, Sébert, Brelay, Drouin, Moreau (Ferdinand).

CONSEIL GÉNÉRAL COMPOSÉ DES MEMBRES DU CONSEIL MUNICIPAL ET DES MEMBRES NOMMÉS PAR LES CANTONS RURAUX.

1er arrondissement.

Adam.
Bernard (Martial).
Bouruet-Aubertot.
Prestat.

2e arrondissement.

Joubert.
Loiseau-Pinson.
Louvet.
Thorel.

3e arrondissement.

Bonvalet.
Ferré.
Leleux.
Murat.

4e arrondissement.

Callon.
Loiseau (Charles).
Desouches.
Vautrain.

5e arrondissement.

Colin.
Dubief.
Lavocat.
Leveillé.

6e arrondissement.

Beudant.
Depaul.
Rondelet.
Hérisson.

7e arrondissement.

Frebault.
Fremyn.
Delzant.
Tranchant.

8e arrondissement.

Binder (Louis).
Férot.
Riant.
Watel.

9e arrondissement.

Meunier (Charles).
Ohnet.
Perrin (Emile).
Pretet.

10e arrondissement.

Christofle (Paul).
Haynin (Félix de).
Saglier.
Séraphin.

11e arrondissement.

Lockroy.
Mottu (J.).
Mottu (J.).
Ranc.

12e arrondissement.

Denizet.
Dumas.
Perinelle.
Piat.

13e arrondissement.

Bouvery.
Combes.
Paymal.
Trélat.

14e arrondissement.

Baudouin.
Gavret.
Gille.
Jacques.

15e arrondissement.

Chevalier (Henri).
Jobbé-Duval,
Maublanc.
Thomas (Léon).

16e arrondissement.

Blanche (le docteur).
Haynin (Albert de).
Leclerc.
Marmottan (le docteur).

17e arrondissement.

Gouin.
Puteaux.
Raynal.
Rigot.

18e arrondissement.

Arrault.
Cantagrel.
Clémenceau.
Vauthier.

19e arrondissement.

Allain-Targé.
Dupuis.
Mallet.
Richard.

20e arrondissement.

Bralcret.
Métivier.
Mottu (J.).
Topart.

CANTONS RURAUX.

Béclard à Charenton.
Condur à Neuilly.
Houdard à Pantin.
Hunebelle à Sceaux.
Lesage à Courbevoie.
Littré à Saint-Denis.
Pompée à Villejuif.
Sueur à Vincennes.

SEINE-ET-MARNE.

Formé d'une partie de la Champagne, de l'Ile-de-France, de la Brie et du Gâtinais.

C. d'app., acad., div. milit. de Paris ; évêch. à Meaux. — 5 arrond. : Melun, Coulommiers, Fontainebleau, Meaux et Provins. — 29 cantons. — 528 communes. — Popul., 354,400 hab. — Superf., 595,980 hect.

MELUN, ch.-lieu. — *Préfet*, M. Chambon.

7 députés : MM. Choiseul (Horace de), Haussonville (vicomte d'), Jozon, Lafayette (Oscar de), Lasteyrie (de), Ségur (comte Louis de), Voisin.

CONSEIL GÉNÉRAL.

Bachelier à Magny.
Belin à Brie-Comte-Robert.
Benoist à Lisy-sur-Ourq.
Blavot à Rebais.
Blondeau à Lorrez-le-Bocage.
Constant à Nemours.
Despommiers à Coulommiers.
Dubourg à Claye-Souilly.
Greffulhe (le comte Henri) à Nangis.
Guérin à Fontainebleau.
Guignot à Rosoy.
Harcourt (d') à Villiers-saint-Georges.
Haussonville (le vicomte Othenin d') à Donnemarie, annulé.
Hennecart à Tournon.
Jozon (père) à la Ferté-sous-Jouarre.

Labour à Dammartin-en-Goële.
Lebeuf de Montgermont à Montereau Faut-Yonne.
Menier à Meaux.
Menot au Châtelet.
Moustier (le comte de) à Crécy.
Nivet à Melun (nord).
Ouvré à Château-Landon.
Penancier à Bray-sur-Seine.
Pinguet à la Chapelle-la-Reine.
Plessier à la Ferté-Gaucher.
Roger de Bonneuil à Mormant.
Rothschild (de) à Lagny.
Roys (de) à Moret.
Saillard à Provins.
Vellaud à Melun (sud), annulé.

SEINE-ET-OISE.

Formé d'une partie de l'Ile-de-France.

C. d'app.. acad. et div. milit. de Paris; évêch. à Versailles. — 6 arrond. : Versailles, Corbeil, Etampes, Mantes, Pontoise et Rambouillet. — 36 cantons. — 683 communes. — Popul., 533,727 hab. — Superf., 560,382 hect.

VERSAILLES, ch.-lieu. — *Préfet*, M. Cochin.

11 députés : MM. Barthélemy Saint-Hilaire, Carnot père, Feray, Hèvre, Journault, Jouvencel (de), Labélonye, Lefèvre-Pontalis (Antonin), Pourtalès (de), Rameau, Scherer.

CONSEIL GÉNÉRAL.

Aubry-Vitet à Argenteuil.
Barbu à Versailles (sud).
Belier à l'Isle-Adam.
Beuvrery (de) à Saint-Germain.
Bos à Milly.
Brame à Montfort-l'Amaury.
Breteuil (le comte de) à Chevreuse.
Carret à Rambouillet.
Charpentier à Etampes.
Cocheris à Longjumeau.
Cramail à Marly-le-Roy.
Delafosse (Lucien) à Houdan.
Desnos à Gonesse.
Farjasse à Corbeil.
Fréville à Sèvres.
Gouy (le comte de) à Marines.
Hayem à Montmorency, annulé.
Hély-d'Oissel à Poissy.
Jonequoy (du) à Dourdan (sud).
Lavallée à Dourdan (nord).
Lecomte à Meulan.
L'Evesque à Mantes.
Magny (de) à Versailles (nord).
Marquis à Arpajon.
Maret à Limay.
Menault (Ernest) à Méréville.
Monfleury (de) à Versailles (ouest).
Monnet à Niort (1er canton).
Morère à Falaiseau.
Padoue (de) à Limours.
Rendu (Eugène) à Pontoise.
Ricard à Niort (2e canton).
Robert à Bonnières.
Selve (de) à la Ferté-Alais.
Tribert à Champdenières.
Vallée à Ecouen.
Wagram (le prince de) à Boissy-saint-Léger.

SEINE-INFÉRIEURE.

Ancienne province de la Normandie.

C. d'app. de Rouen; acad., 2e div. milit. et archev. de Caen. — 5 arrond. : Rouen, Dieppe, le Havre, Neufchâtel et Yvetot. — 44 cantons. — 589 communes. — Popul., 792,768 hab. — Superf., 603,465 hect.

ROUEN, ch.-lieu. — *Préfet*, M. Lizot.

16 députés : MM. Ancel, Anisson-Duperon, Bagneux (comte de), Buée, Buisson, Cordier, Lanel, Duval (Raoul), Lebourgeois, Nétien, Peulvé, Pouyer-Quertier, Robert (général), Roys (marquis des), Savoye, Vitet.

CONSEIL GÉNÉRAL.

Ancel à Goderville.
Anisson-Duperron à Caudebec.
Aubry à Criquetot-l'Esneval.
Bagneux (de) à Pavilly.
Bazan au Havre (nord).
Beauvoir (le comte de) à Ourville.
Besselièvre à Maromme.
Boutot à Saint-Saëns.
Brière à Saint-Romain-de-Colbosc.
Buisson à Fauville.
Charité à Boos.
Chevallier à Aumale.
Cord'homme à Rouen (6e canton).
Cordier à Rouen (5e canton).
Darcel à Duclair.
Dautresme à Elbeuf.
Denoyelle à Neufchâtel.
Deschamps à Rouen (3e canton).
Dubarry de Merval à Gournay.
Ducoté à Buchy.
Fauquet-Lemaître à Bolbec.
Franqueville (de) à Valmont.
Girancourt (de) à Blangy.
Grant à Envermeu.

Guesdon du Lesmont à Argueil.
Guillotin à Doudeville.
Icquelon (d') à Bellencombre.
Labarbe à Fontaine-le-Dun.
Laribe à Offranville.
Lecesne au Havre (est).
Leconte à Eu.
Lefèvre à Montvilliers.
Lesouef à Yerville.
Letellier à Clères.
Lignemare (de) à Londinières.
Lillers (le marquis de) à Lillebonne.
Malartic (le comte de) à Tôtes.
Manchon à Grandcouronne.

Nétien à Rouen (1er canton).
Pelevey au Havre (sud).
Ramel à Rouen (4e canton).
Rapp à Rouen (2e canton).
Reiset (de) à Longueville.
Robert (le général) à Fécamp.
Roquigny à Cany-Barville.
Roussel (Alexandre) à Yvetot.
Rouland (fils) à Bacqueville.
Savoye à Saint-Valery-en-Caux.
Thiessé à Forges-les-Eaux.
Trouard-Riolle à Dieppe.
Waddington à Darnetal.

SÈVRES (DEUX-).

Formé d'une partie du Poitou et de parties de la Saintonge, de l'Aunis et des Marches.

C. d'app. et acad. de Poitiers ; div. milit. de Nantes. — 4 arrond. : Niort, Fressuire, Melle et Parthenay. — 31 cantons. — 356 communes. — Popul., 323,455 hab. — Superf., 606,350 hect.

NIORT, ch.-lieu. — *Préfet*, M. Mahoir.

7 députés. MM. Aymé de La Chevrelière, La Rochejacquelein (marquis de), Mounet, Ricard, Taillefer, Tribert, Mazure (général).

CONSEIL GÉNÉRAL.

Allard (le général) à Parthenay.
Assailly (d') à Prahecq.
Aymé de la Chevrelière à Chef-Bou-
tonne
Bernard à Saint-Loup.
Delavault à Brivu.
Fribault à Airvault.
Ganne à Secondigny.
Garrat de Balzan à Saint-Maixent
(1er canton)з
Jimbert à Thouars.
Jouffrault à Argenton-Château.
Aymé de la Chevrelière à Melle.
La Rochejacquelien (de) à Bressuire.
Leboiteux à Ménigoute.

Lisle (de) à Cerizay.
Maussabre (de) à Saint-Varent.
Michon à Debeauvoir.
Moguet à Saint-Maixent (2e canton).
Perrain à Sauze-Vaussais.
Petiet à Frontenay.
Potier à Mauzé.
Proust à Lezay.
Proust (Eugène) à Mazières.
Robin du Breuil à Thénezay.
Sauzé à la Mothe-Sainte-Heraye.
Savary de Beauregard à Châtillon.
Taillefert à Celles.
Thaudière à Moncoutant.
Tonnet (Alcide) à Coulonges.

SOMME.

Ancienne province de la Picardie.

C. d'app., acad. de Douai ; div. milit. de Lille ; évêch. à Amiens. 5 arrond. : Amiens, Abbeville, Doulens, Montdidier et Péronne. — 48 cantons. — 833 communes. — Popul., 572,640, hab. — Superf., 604,436 hect.

AMIENS, ch.-lieu. — *Préfet*, M. de Guerle.

11 députés : MM. de Beauvillé, Blinde Bourdon, Changarnier (général), Courbet-Poulard, Dompierre-d'Hornoy (amiral de), Faidherbe (général), Gauthier de Rumilly, Goblet, Magniez, Rainneville (de), Rambures (de).

CONSEIL GÉNÉRAL.

Bathouart à Rue.
eauvillé (de) à Rosières.

Blanchet à Picquigny.
Briois à Doullens.

Brulé à Saint-Valery-sur-Somme.
Butler (de) à Bernoville.
Caron à Conty.
Clermont-Tonnerre (le marquis de) à Villers-Bocage
Courbet-Poulard à Abbeville (nord).
Dauphin à Amiens (sud-est).
Davernat à Domars, annulé.
Descressonnières à Ailly-le-Haut-Cocher.
Dompierre-d'Hornoy (de) à Hornoy.
Douville de Maillefeu à Moyenneville.
Duflos à Amiens (sud-ouest).
Estourmel (d') à Bray.
Forceville (de) à Oisemont.
Franqueville (de) à Sains.
Gambier à Molliens-Vidame.
Hamel (Ernest) à Moreuil.
Hecquet à Nouvion.
Hesecques (d') à Acheux.

Jametel à Montdidier.
Labitte à Abbeville (sud).
Lalouette à Nesle.
Lardières à Corbie.
Lattre aîné (de) à Gamaches.
Lefeuvre à Albert.
Magniez à Combles.
Martelet à Amiens (nord-ouest).
Mebave à Poix.
Molien à Chaulnes.
Morgan (de) Ailly-sur-Noye.
Nevillette à Crécy.
Rambures (de) à Ault.
Richot à Hallencourt.
Rouge-Hallouin à Ham.
Veret (Paul) à Roye.
Villement à Péronne.
Vion à Roisel.
Wulfran-Mollet à Amiens (nord-est).

TARN.

Ancienne province du Languedoc.

C. d'app., acad. et div. milit. de Toulouse ; archev. à Albi. — 4 arrond. : Albi, Castres, Gaillac et Lavaur. — 35 cantons. — 316 communes. — Popul., 355,543 hab. — Superf., 574,824 hect.

ALBI, ch.-lieu. — *Préfet*, M. Emile Laurent.

7 députés. MM. Bermond (de), Duguilhon-Lasselve, Decazes (baron), Guibal, Jamme, Jaurès (général), Le Camus.

CONSEIL GÉNÉRAL.

Abrial à Graulhet.
Barbey à Mazamet.
Barreau (de) à Dourgne.
Bernadou à Vielmur.
Bernard (du) à Brassac.
Blanc (Paul) à Pampelonne.
Bonnet à Alban.
Cambon à Lacaune.
Calmès à Valence.
Cavalié à Albi.
Chahuzac à Cadalen.
Combes à Roquecourbe.
Coussé à Valderier.
Daguilhon-Lujol à Saint-Paul.
Duboys à Vaour.
Espinasse à Montredon.
Fabre (Alphonse) à Labruguière.
Galtier à Murat.

Gineste à Lisle.
Héral à Monestiès.
Jourde à Lautrec.
La Panouse (de) à Villefranche.
Loup à Vabre.
Murat à Salvagnac.
Prouho à Rabastens.
Reille (le baron) à Saint-Amans-Soult.
Rigal à Gaillac
Rivence à Cordes.
Rouanet à Anglès.
Saint-Simon (de) à Cuq-Toulza.
Thomas (Frédéric) à Castres.
Thierry à Réalmont.
Tornier à Castelnau-de-Montmiral.
Vergnes à Puylaurens.
Voisins-Vernière à Lavaur, annulé.

TARN-ET-GARONNE.

Ancienne province du Languedoc.

C. d'app., acad. et div. milit. de Toulouse ; évêch. à Montauban. — 3 arrond.: Montauban, Castel-Sarrazin et Moissac. — 23 cantons. — 194 communes. — Popul., 228,969 hab. — Superf., 367,697 hect.

MONTAUBAN, ch.-lieu. — *Préfet*, M. Vapereau.

4 députés : **MM.** Lespinasse, Limairac (de), Maleville (Léon de), Prax-Paris.

CONSEIL GÉNÉRAL.

Baradat à Auvillar.	Larramet à Montech.
Bardon à Négrepelisse.	Lasserre à Saint-Nicolas.
Benaïs à Villebrumier.	Levet à Montaigu.
Cattelan à Monclar.	Mauvoisin (de) à Lavit.
Constantin à Caylus.	Pagès à Saint-Antonin.
Depeyre à Montpezat.	Piguères à Molières.
Dufour à Bourg-de-Visa.	Prax-Paris à Caussade.
Flamens à Castelsarrasin.	Riverol à Montauban (ouest).
Gillet à Moissac.	Rolland à Verdun.
Gironde (de) à Montauban (est).	Roumiol à Lauzerte.
Jourdannet à Lafrançaise.	Signouret à Grisolles.
Laborde à Beaumont.	Trubert à Valence.

VAR.

Ancienne province de la Provence.

C. d'app. et acad. d'Aix ; div. milit. de Marseille ; évêch. à Fréjus.—3 arrond : Draguignan, Brignoles et Toulon. — 27 cantons. — 144 communes. — Popul., 308,550 hab. — Superf., 730,000 hect.

DRAGUIGNAN, ch.-lieu. — *Préfet*, M. le général Laporterie.

6 députés : **MM.** Brun (Charles), Daumas, Dréo, Ferrouillat, Gambetta, Laurier.

CONSEIL GÉNÉRAL.

Allègre à Toulon (ouest).	Hugues Cyrus à la Seyne.
Andrieu à Cuers.	Lautier à Ollioules.
Anglès (Félix) à Draguignan.	Laurier à Callas.
Bagarry à Brignoles.	Le Clerc de Juigné de Lassagny à
Bon à Barjols.	Lorgues, annulé.
Boyer (Romulus) à Aups.	Lon à Hyères.
Clapiers (de) à Saint-Maximin, annulé.	Meissonnier à Grimaud.
Cotte (Paul) à Salernes.	Migrand père à Roquebrussanne.
Fabre à Cotignac.	Pascal à Besse.
Gamel au Beausset.	Pascal à Fréjus.
Gariel à Tavernes.	Pastoret à Fayence.
Gassier (de) à Rians.	Sabran à Collobrières.
Germondy à Saint-Tropez.	Senglar au Luc.
Gilly à Comps.	Tardy père à Toulon (est).
Granet à Solliès-Pont.	

VAUCLUSE.

Formé de la Provence.

C. d'app. de Nîmes ; acad. d'Aix; div. milit. de Marseille ; archev. à Avignon. — 4 arrond. : Avignon, Apt, Carpentras et Orange. — 24 cantons.— 149 communes. — Popul., 266,094 hab. — Superf., 355,429 hect.

AVIGNON, ch.-lieu. — *Préfet*, M. Dupont Delporte.

5 députés : **MM.** Delord, Gent, Monier, Naquet et Pin.

CONSEIL GÉNÉRAL.

Alphandery à Avignon (nord).	Boussot à Cavaillon.
Appy à Bonnieux.	Bressy à Pernes.
Avon à l'Isle.	Corgier à Cadenet.

Carolus Desplans à Baumes.
Dupuy à Orange (ouest).
Geoffroy à Malaucène.
Goutard à Vaison.
Guillabert à Bédarrides.
Martelly à Pertuis.
Meynard (Adrien) à Orange (est).
Mesnard (Henry) à Valréas.
Morard à Sault.

Pin à Apt.
Poujade à Carpentras (sud).
Raspail à Mormoiron.
Teyssier à Carpentras (sud).
Varenne à Bollène.
Vayson-Bruno à Gorde.
Yvaren à Avignon (sud).

VENDÉE.

Ancienne province du Poitou.

C. d'app. et acad. de Poitiers ; div. milit. de Nantes ; évêch. à Luçon. —
3 arrond. : Pontivy (ci-devant Napoléon-Vendée), Fontenay-le-Comte et les
Sables-d'Olonne. — 30 cantons. — 298 communes. — Popul., 404,443 hab.
— Superf., 680,775 hect.

PONTIVY (ci-devant Napoléon-Vendée), ch.-lieu. — *Préfet*, M. Gauja.

8 députés : MM. Beaussire, Bourgeois, Fontaine (de), Giraud (Alfred), Godet
de La Riboullerie, Labassetière (de), Puiberneau (de), Vandier.

CONSEIL GÉNÉRAL.

Auger à Chaillé-les-Marais.
Batiot aux Essarts.
Baudry d'Asson à Challans.
Bienvenue à Saint-Hilaire-des-Loges.
Bontemps à Maillezais.
Borthays (de) à la Mothe-Achard.
Bourgeois à Mortagne-sur-Sèvre.
Bourmaud aux Moutiers-les-Maux-
  faits.
Brillaud à la Châtaigneraie.
Chevallereau à Saint-Hermine.
Cornulier (de) à Montaigut.
Daviau à Rocheservière.
Landreau (du) à Herbiers.
Gaudineau à Luçon.
Gillaizeau (Léon) à Talmont.
Godet de Ribouillerie à Hermenault.

Janet de La Bauduère aux Sables-
  d'Olonne.
Bassetière (de La) à Saint-Gilles-sur-
  Vie.
Lacombe à Chantonnay.
Tour du Pin (de La) à Beauvoir.
Leroux à Saint-Fulgen, annulét.
Majou-Debuterie à Pouzauges.
Morin d'Yvonière au Poiré.
Mourain de Sourdeval à Saint-Jean-
  de-Monts.
Perrier à la Roche-sur-Yvon.
Pinaud à Palluau.
Richer à Noirmoutiers.
Taburaud à Mareuil.
Vaudier à l'Ile-Dieu.
Vollan à Fontenay-le-Comte

VIENNE.

Ancienne province du Poitou.

C. d'app., acad. de Poitiers ; div. milit. de Tours ; évêch. à Poitiers. — 5 arrond. :
Poitiers, Châtellerault, Civray, Loudun et Montmorillon. — 34 cantons. —
295 communes. — Popul., 324,527 hab. — Superf., 697,304 hect.

POITIERS, ch.-lieu. — *Préfet*, M. Léon Lavedan.

6 députés : MM. Ernoul, La Rochethulon (comte de), Laurenceau (baron),
  Merveilleux-Duvignaux, Scrph et Soubeyran (de).

CONSEIL GÉNÉRAL.

Astron à Couhé.
Aubin à Vouillé.
Auger à Vouneuil-sur-Vienne.
Beauchamp (de) à Lussac-les-Châteaux.
Bergerault à Plumartin.

Bonnet à Trois-Moutiers.
Bourbeau à Saint-Georges.
Brouillet (Ernest) à Charroux.
Calmeil à Neuville.
Chastenier (du) à Monts-sur-Guesne.

Coral (de) à Vivonne.
Cordier-Dupanneau à Moncontour.
Durand à Poitiers.
Gusmann Serph à Civray.
Guyot de La Rochère à Isle-Jourdain.
Hérault à Châtellerault.
Lepetit à Availlès.
Maurat à la Trémouille.
Morandière à Leigné-sur-Usseau.
Mourcau à Gençais.
Nouveau-Dupin à Montmorillon.

Nozereau à Loudun.
Orillard à Poitiers (sud).
Pully (le comte de) à Saint-Savin.
Robelin à Mirebeau.
Simonneau à Lencloître.
Soubeyran (de) à Saint-Julien.
Thoinnet à la Villedieu.
Tribert à Lusignan.
Trouvé à Chauvigny.
Voyer d'Argenson à Dangé.

VIENNE (HAUTE-).

Formé du haut Limousin, de la basse Marche et de quelques portions du haut Poitou.

C. d'app., acad. de Poitiers; div. milit. et évêch. à Limoges. — 4 arrond. : Limoges, Bellac, Rochechouart, Saint-Yrieix. — 27 cantons. — 200 communes. — Popul., 325,735 hab.

LIMOGES, ch.-lieu. — *Préfet*, M. Delpon.

7 députés : MM. Benoît du Buis, Charreyron, Mallevergne, Peyramont (de), Saint-Marc-Girardin, Soury-Lavergne, Teisserenc de Bord.

CONSEIL GÉNÉRAL.

Allegrand au Dorat.
Aufort à Saint-Sulpice-les-Feuilles.
Ballet à Ambazac.
Baruy à Laurière.
Bouillon à Chalus.
Buisson à Nantiat.
Brissaud à Mieul.
Chaigneau à Saint-Mathieu.
Chaussade à Châteauneuf.
Courounel (de) à Magne-Javal.
Cramouzaud à Emoutiers.
Duchâteau à Bessines.
Goursand (le colonel) à Saint-Laurent.
Laubanie (Edouard) à Oradour-sur-Vayres.

Mazeaud à Saint-Yrieix.
Moustiers de Merinville (de) à Mézières.
Muret de Bord à Aixe-sur-Vienne.
Nassans à Limoges (sud).
Nexon (le baron de) à Nexon.
Ninard à Limoges (nord).
Pastral de La Borderie à Bellac.
Petiniaud-Dubos à Pierrebuffière.
Peyramond (de) à Saint-Léonard.
Pouliot à Saint-Junien.
Sensaud à Saint-Germain-les-Belles.
Soury-Lavergne à Rochechouart.
Vaugelade (de) à Châteaupoussac.

VOSGES.

Ancienne province de la Lorraine.

C. d'app. et acad. de Nancy; évêch. à Saint-Dié. — 5 arrond.: Epinal, Mirecourt, Neufchâteau, Remiremont et Saint-Dié. — 30 cantons. — 518 communes. — Populat., 448,998 habit. — Superf., 587,955 hect.

ÉPINAL, ch.-lieu. — *Préfet*, M. de Blignières.

8 députés : MM. Aubry, Buffet, Claude, Contaut, Ferry (Jules), George, Ravinel (de), Steinhel.

CONSEIL GÉNÉRAL.

Bresson à Darney.
Champy (Paul) à Saales.
Chavannes à Bains.
Claude à Saulxures.
Claudot à Coussey.

Clément à Lamarche.
Delmas à Mirecourt.
Doublat à Brouvelieures.
Ferry (Jules) au Thillot.
Ferry (Hercule) à Fraize.

Gachotte à Saint-Dié.
Georges à Epinal.
Grandjean à Charmes.
Jacquot à Senones.
Kiener à Monthureux.
Krantz à Remiremont.
Lafosse à Vittel.
Liétard à Plombières.
Mathis à Dompaire.
Martz à Gerardmer.

Méline à Corcieux.
Mongeot à Bruyères.
Perrut à Châtenois.
Pontlevoye (de) à Neufchâteau.
Prautois (de) à Bulgnéville.
Pruines (de) à Xertigny.
Sodoul à Raon-l'Etape.
Tannant à Châtel.
Tardieu à Rambervillers.

YONNE.

Anienne province de Bourgogne.

C. d'app. de Paris; acad. de Dijon; div. milit. de Paris; archev. à Sens. — 5 arrond. : Auxerre, Avallon, Joigny, Sens et Tonnerre. — 37 cantons. — 483 communes. — Popul., 372,589 hab. — Superf., 738,906 hect.

Auxerre, ch.-lieu. — *Préfet*, M. Ribière.

7 députés : MM. Charton, Guichard, Javal, Lepère, Rathier, Rampont, Randot.

CONSEIL GÉNÉRAL.

Baudouin à Ligny-le-Châtel.
Bautier à Courson.
Bayard à Cheroy.
Bert (Paul) à Aillant.
Billaut à Guillon.
Bonnerot à Joigny.
Boulet à Charny.
Brincard à Cérisiers.
Brunot à Seignelay, annulé
Coste à Saint-Julien-du-Sault.
Deligaud à Sens.
Dethou à Saint-Fargeau.
Duguyot à Bléneau.
Durand des Ormeaux à Brienon.
Flandrin à Vezelay.
Foncier à Sergines.
Fontaine (de) à Sens (nord).
Hardy à Tonnerre.
Houdaille (Achille) à Quarré-les-Tombes.

Huriot à Villeneuve-sur-Yonne.
Jacquillat à Coulange-la-Vineuse.
Javal à Villeneuve-l'Archevêque.
Lamy à Pont-sur-Yonne.
Lancome à Saint-Florentin.
Lepère à Auxerre (est).
Lotainturier à Vermenton.
Martenot à Ancy-le-Franc.
Massin à Flogny.
Massot à Auxerre (ouest).
Mathel à Avallon.
Morin à Saint-Sauveur.
Paquoau à Toucy.
Rabesse à Noyers.
Rateau à Coulange-sur-Yonne.
Tanley à Cruzy-le Chatel.
Villeneuve (de) à Chablis.
Virieu (de) à Isle-sur-le-Serein.

COLONIES.

—

ALGÉRIE.

Ancienne province des États barbaresques.

C. d'app. et div. milit.; évêch. à Alger. — 3 départ., 13 arrond., 25 cant.
Popul. 593,743 hab. — Superf. 39,000,000 hect.

DÉPARTEMENT D'ALGER.

4 arrondiss.; Alger, Blidah, Médéah et Milianah.

ALGER, ch.-lieu. — *Préfet :* M. Léon Helot. — Députés : Wuillermoz, Warnier.

CONSEIL GÉNÉRAL.

Allier (Bernard).	Allier (Amédée).
Mongellas (Eugène).	Arnac.
Géry.	Mercier.
Dessoliers.	Lafitte.
Hérail.	Guignette.
Ranc.	Daudet.
Gastu.	

DÉPARTEMENT DE CONSTANTINE.

5 arrond.: Bône, Constantine, Guelma, Philippeville et Sétif.

CONSTANTINE, ch.-lieu. — *Préfet :* M. Roussel. — Députés : MM. Lucet, Colas.

CONSEIL GÉNÉRAL.

Lucet.	Hallot.
Joly de Brésillon.	Dubourg.
Imbert.	Berget.
Raffin.	Pugens.
Fawtier.	Viguier (Paul).
Vinet (Jules).	Payen.
Marqué (de)	Honnorat.

DÉPARTEMENT D'ORAN.

4 arrond.: Mascara, Mostaganem, Oran et Tlemcen.

ORAN, ch.-lieu. — *Préfet :* M. J. Mahias. — Députés : MM. Alexis Lambert, Jacquest.

CONSEIL GÉNÉRAL.

Sieur.	Roubière.
Ben Ichou.	Garau.
Stuyck.	Pitrat.
Lamur.	Pelliat.
Dupré de Saint-Maur.	Astier.
Pujade.	Bécat.
Pomel.	Jame.
Gérard.	Cousinard.
Poba.	

(143)

MARTINIQUE.

2 députés : MM. Schœlcher, Porcy-Papy.

GUADELOUPE.

2 députés : MM. Bloncourt, Rollin.

GUYANE.

1 député : M. Schœlcher, qui a opté pour la Martinique.

SÉNÉGAL.

1 député : M. Lafon de Fongaufier.

RÉUNION.

2 députés : MM. Lasserve (de), Mahy (de).

INDE FRANÇAISE.

1 député : M. Desbassayns de Richemont (le comte).

Nota. — Le territoire qui est resté français de l'ancien département du Haut-Rhin, forme provisoirement un arrondissement dont le chef-lieu est Belfort et composé de cinq cantons : Belfort, Delle, Giromagny, Fontaine et Massevaux.

Le conseil général est représenté par une commission de cinq membres élus par les communes de ces cantons et par celles qui restent de l'ancien canton de Dannemarie.

Paris. — Imprimerie de J. Dumaine, rue Christine, 2.

www.ingramcontent.com/pod-product-compliance
Ingram Content Group UK Ltd.
Pitfield, Milton Keynes, MK11 3LW, UK
UKHW022351090726
13658UKWH00002B/594